うしろすがたが教えてくれた

清水玲子

かもがわ出版

うしろすがたが教えてくれた　目次

ごめんねって言って

「いいよ」が、ほんとうの「いいよ」になるには

打たれ弱い？

保育士にならない決意

黄色いセーター

写真　川内松男
装幀　伊勢功治

うしろすがたが教えてくれた

〔初出〕「福祉のひろば」(総合社会福祉研究所)連載「育つ風景」二〇一三年三月号〜二〇一九年一一月号のなかから四九篇を選び、タイトルほか若干の修正をして収録しております。

また、「ふたりで紅茶を」「六歳の春」「黄色いセーター」の三篇は『育つ風景』(かもがわ出版、二〇〇四年)からの再収録となります。

ごめんねって言って

きな粉マカロニの奇跡

ある二歳児クラスの子どもの話である。

その男の子はお昼寝から起きてくるのが遅い。しかも、いつもぐずぐずしながら起きてくる。機嫌がよくないので、おやつもなかなか食べる気になれない。ほとんど毎日そこでぐちゃぐちゃになっては先生に抱っこしてもらったりしてやっとおやつを食べるのが日課になっていた。

その日も同じような目覚めで、ごねごねしながら起きてきて先生に抱っこで手を洗いに行き、ようやくおやつのテーブルについた。そして、さして食べたそうでもなく、その日のおやつの「きな粉マカロニ」に手をつけた。ほかの子はもう先に食べはじめていて、どんどん食べ終わってあそびはじめる子どももいた。

ところが、この「きな粉マカロニ」がその子にとっては天にものぼるおいしさだったたらしい。急にシャキッとなり、パクパクと食べ終わり、おかわりをもらいに席をたった。なんとか最後のほうのおかわりをもらったが、あっというまに平らげてしまった。そして、もっとおかわりがほしい！　と言いはじめた。

保育士さんは、からっぽの器を見せながら、きょうはもうおかわりはないことを説明した。その子は大声で泣きだした。この保育園では、おやつは、おかわりの分もだいたいクラスに分けてしまい、給食室にもらいに行ってももらえないことがあたりまえだったので、おやつについてはふだんから給食室に頼みには行かない。

その子がいつまでも大声で、もっと食べたいと泣くので、保育士さんは、「そんなにほしいのなら、ここにはないから、給食の先生にお願いに行ってみる？」と言った。その子は首を縦にふる。「先生はいま、お仕事しているから給食室までついていってあげられないけど、ひとりで頼んでみられる？」と重ねて言ってみると、その子はやはりうなずいた。こんなとき、これまでだったら、「絶対やだー、先生もいっしょー」という展開になり、最後はあきらめるというパターンであったので、保育士さんはびっくりしたという。

「ほんとにひとりで行ける？　じゃあ、行っておいで」と保育士さんに言われ、その子はでかけようとした。そのとき、それを聞いていたのだろう、ひとりの女の子が、「あたしももっとおかわりしたい。いっしょに行く」と言いだした。きっと男の子は内心ちょっとホッとしたと思う。ふたりで給食室にでかけて行った（べつにそんなに遠いところだったわけではないのだが）。

保育士さんは、給食の先生に「残念だけど、もうからっぽでないんだよ」と言われてがっかりして帰ってくるものだと思っていた。それよりも、ほんとうにちゃんと自分の気持ちが伝えられるかなあ、とそちらを気にしていた。帰ってきたら、よく自分で言いに行けたね、と言ってあげようと思い、片づけをしていた。

ところが、ふたりはちゃんとおかわりをもらって帰ってきたのである。満面の笑みでおかわりを食べるふたりを見て、おおげさかもしれないが、奇跡だ！　とその先生は思ったそうである。そして、自分からひとりでも言いに行く、と決意しておかわりをもらいに行ったその子の姿に感動したのだという。どんな具合で今回おかわりがもらえたのかはわからなかったが、本人にとってはたいへん勇気のいる決断と行動から、おかわりがもらえるという奇跡が生まれたことに感謝し、同時に子どもってかわいいなあ、これだから保育はやめられない、と思ったそうである。きな粉マカロニ、恐るべし。

思いっきりあそんだら

二歳児クラスのYちゃんは、砂あそびが大好きである。お料理が好きなようで、砂や土や葉っぱ、水などでひとりで細かく調理のプロセスを再現しているらしい。

散歩から帰り、クラスの友だちが入室しても、Yちゃんは、さっと砂場のほうに行ってこの料理作りをはじめてしまう。はじめるとなかなか終われず、入室はいちばん最後になる日がつづいた。

先生としては、しばらく時間がかかっても、自分で区切りをつけて入ってきてほしい、おどしは使いたくない、と思いながらも、入ってくるようにいろいろ働きかけていた。いちばん人手のかかる時間帯に、Yちゃんひとりにかかわらなくてはならないことが、たいへんだったということもある、と後で担任の先生は話していた。しかし、あの手この手で誘っても、Yちゃんは断固として乗ってこない。毎日のように攻防（!?）がつづいていたらしい。

そんなある日、しびれをきらした先生は、「じゃあ、先にごはん食べているけどいい?」とYちゃんに声をかけた。「うん」とYちゃん。「ごはん、なくなっちゃうかもしれないよ!」と重ねて言うが、迷わず「うん」との返事。なかなか帰ってこない日々がつづいていたこともあり、そのままようすを見ながらみんなは先にごはんを食べはじめた。友だちがおかわりしはじめたが、それでも帰ってこないYちゃん。

そのうち、ひとりふたりと食べ終わり、「ごはん、なくなっちゃうよ~」とYちゃんに声をかける子もいるが、あいかわらずあそびつづけるYちゃん。

そうこうしているうちに、ほんとうにみんなごはんを食べ終えてしまった。先生は迷いに迷ったが、一日くらいごはんが食べられなくてもいいか、と腹をすえ、「ほんとうにごはんなくなっちゃうけどいいの~?」と最後の一声をかけた。そうしたら、あっさり「食べる!」との返事。えっ食べるの? と先生のほうが拍子抜けして、「じゃあはやく帰っておいで!」と呼ぶと、Yちゃんは走って帰ってきた。さっさと手を洗って食べる支度をしている。

そのときのことを担任の先生は、次のように書いている。「本当は『遅いよ! はやくかえって来ないと本当にごはん食べられなくなっちゃうんだからね！』と小言のひとつも言いたい気持ちをおさえ、『楽しかった？』と聞いてみると、満足そうな顔でにっこりうなずく。そんなYちゃんを見て『たっぷり楽しんで帰って来られてよかったね！』と言ってあげたい気持ちに変わった。それと同時に、私はYちゃんのことに対してマイナスなとらえ方をしていたなと反省した」。

別の園のむかしの話。一歳児クラスの女の子数人が、お昼寝のときに自分たちのロッカーからありったけの衣類をだして丸テーブルの上に積み上げ、山になった衣類を見て、顔を見合わせて「えへへへ……」とにんまりしあう日々がつづいたことがあるという話を聞いた。子どもたちが眠ってから、若い担任の先生たちは、その衣類の山を一枚ずつたたんではロッカーにしまっていた。何日もこの作業はつづき、ほかのクラスからこれを見ていた先生は、どうしてやめさせないのかを担任に聞いてみたという。若い先生たちは、「やりたいことを満足するまでやらせてあげようと思って……」としか言わなかったそうだ。この子たちがいきいきとして、ロッカーから衣類をだしては積み上げながら、友だちと笑いあうようすが目に浮かぶ。子どもたちはどんなに楽しかったことだろう（この話の結末はどうなったのだろう？）。

自分が思いついたあそびを思い切り楽しんで、満足して自分でおしまいにしたとき、子どもたちはどの子もいい顔をしているに違いない。そんな日々を保障していくことが、自分であそび、自分で終わりにしていく力を育てるのだと思う。

シールが教えてくれたこと

ある保育園の四歳児クラスで、『話し合いから～シールをめぐってみえてくる子どもの思い』と題して、保護者あてのお便りがだされた。冒頭に「なにが悪い、これが正しい、ということではなく、このお便りを最後まで読んでほしいと思います」とある。

クラスにはウォールポケットがあり、そのなかにはひとりひとりのバインダー（連絡帳として使っているもの）やお便りがはいっている。そこは勝手にいじらないよう、日頃から子どもたちに伝えていた。

それでも、新しいシールを貼ったりすると、うれしくて友だち同士で見せあったりする姿が見られていたという。おとなは、そのつど声をかけた。そうすると今度は、おとなに見つからないようにこっそりやり取りをするようになってきていたそうである。

そしてある日、「新しくつけていたはずのシールがお迎えに来たら全部ついてなかった」ということが起こったのである。四歳児クラスあたりではよくあることである。

先生たちは、子どもたちと話し合いをした。自分の大事なものがなくなったときにみんなはどう感じるか、実際になくなってしまったときの気持ちを話してもらい、シールを買ってくれたお母さん、お父さんは、お仕事をがんばってお金を作っていること、そのシールがなくなったらお母さん、お父さんは次に買いたくなるかどうかと問いかける。子どもたちはよく話を聞いていたし、気持ちをたくさん話してくれたようである。

そして、バインダーにシールを貼ることをどうする？と問いかけると、「シールは貼ってこない」と言った子がいるいっぽうで、「嫌だー、シール貼りたい！」という声が多く、「貼るならどうする？」という質問に、「バインダー勝手にいじらない」「シールははがさない」「お友だちにあげない」などの意見がでて、貼るならそれを守ることを確認したそうである。

誰がやったのかを問い詰める話し合いではなかったが、保護者がどう受け止めるか、若い担任の先生たちは心配だった。

いっぽうで、先生たちには誰がやったかわかっていて、その子の思いをなんとかしたいと思っていた。その子の父と母は別居し、その子はそのあいだを行ったり来たりする生活を送っていた。子どもとしてはどこにぶつけたらよいかわからない不安を持ち、しかもうまくいかない両親の思いまでかぶっていたようであった。

園長先生と担任の先生たちは悩んだ末、両親をいっしょに呼んだ。シールの話だけでなく、保育園でみせるいろいろな姿をていねいに話した。たとえば、プールに入ったとき、赤ちゃんのように抱っこしてあげたら、その子がなんともいえずしあわせそうな顔をしたことなども。子どもは、自分ではどうにもできないことを全身で必死に耐えている。両親は、わが子の思いに触れ、おとなの関係はどうにもできなくても、親子の触れ合いを大事にし、愛情を伝えることはできることを感じてくれたようである。その後、その子はずいぶんおだやかになり、シールがなくなることもなくなった。お便りはこうつづく。

「(シールを)貼らない、ということにするのは簡単です。(中略)いろいろなトラブルを日々こなしていくことで、最初はわからなかったお友だちの思い、そのうえで生まれてくる自分の思い、そんな時にどうしたらよいか、次はどうするべきか、子どもたちは学んでいきます。それはすぐにはむずかしいですが、……いつかちゃんと子どもたちの力になっていると思います。(中略)ぜひ保護者のみなさまもこのことを考えて、今後も見守っていただけたらと思います（後略）」。

心配していた担任に、何人もの保護者から、先生の思いに感動したこと、子育てをあらためて考えたことなど、うれしい返事があった。親にも子にも真摯《しんし》に向きあうこの先生たちにエールを送りたい。

ほんとうの笑顔にであう

ある保育園に、家庭の事情で引っ越してきて年度の途中からはいった四歳の女の子Yちゃんは、保育園ははじめてだということであったが、登園のときにごねることもなく、いつも笑顔で先生たちにもいろいろ話しかけてきたという。

スムーズに慣れてよかったな、と思っていたが、ひと月ほど経ったある日、「保育園楽しくない」とYちゃんが笑顔で担任に話しかけてきた。若い担任の先生は、「そっかあ、楽しくないいんだ。なにが楽しくない?」と聞いた。「あそぶの」とYちゃんは答え、そうしたやりとりのなかでみるみる表情がゆがんできて涙をこらえているのがよくわかった。

「Yちゃん、泣きたいときには泣いていいいんだよ。さみしかったら抱っこもするよ。泣いちゃうYちゃんだって先生は大好きだよ。我慢しちゃうことのほうが先生は嫌だな」

と伝えると、Yちゃんは「信じられない」と言って、一気に涙があふれて泣いた。担任の先生は、Yちゃんを抱っこしながら、いろいろなことでたくさん我慢していたんだな、と感じたそうである。

この話をいっしょに聞いていたベテランの先生が、以前受け持った子で、友だちとけんかになるとすぐたたいたり、給食やおやつのとき、先生のとなりにすわった友だちに「ずるーい!」と文句を言ったりする子の話をしてくれた。文句の言い方がきつく、四歳で、力も強くて体も大きかったそうである。お母さんが、なかなか学校に慣れないお兄ちゃんのことでいっぱいで、しっかりしているその子にあまり気持ちが向いていなかったことが影響していたかもしれないという話だった。

その先生は、その子が友だちに文句を言ったとき、その子に、「○○ちゃんだって抱っこしてほしかったら、抱っこして!って言えばいい。先生たちはいくらだって抱っこもおんぶもしてあげるよ」と話した。そうしたら、それからほんとうに素直に「抱っこー!」「おんぶー!」とせがんでくるようになった。

約束した手前もあり、だれもが喜んで抱っこやおんぶをしたのだが、からだが大きくて重たいため、なかなかたいへんだったと先生たちは言う。前かがみになって床を拭いていたりすると、かならず背中に乗ってくるなど、その子の要求はとどまるところがなかったが、同時に、友だちへずるい、と言うことや、いらいらしてすぐけんかになってたたいたりする姿は、ずいぶんと少なくなっていったそうである。

はじめに書いたYちゃんは、よく聞いてみると、途中からクラスにはいってきて、気の強い女の子とあそんでいるようだが、強い口調でいろいろ指示されたり言われたりするのが嫌だけれど言えない、ということが「保育園楽しくない」ということばの理由にあるようだった。先生は、女の子たちのあそびがグループでかたまって閉じてしまわないように、いろいろ工夫してあそびや活動に取り組んでいった。

そのうち、Yちゃんとちょっと似た感じのおだやかな女の子と仲良しになり、毎日楽しくて、保育園に早く行ってその友だちとあそびたくてたまらない、というように変わっていった。朝、はじけるような笑顔で「おはよう!」と飛び込んでくるYちゃんを見て、担任の先生は、子どものほんとうの笑顔とはこういうものなんだ、とあらためて知ったという。

子どもは、おとなが思っている以上に、甘えてよいのかどうか、大好きな人の気持ちを気にしている。そして、ほんとうに甘えても大丈夫とその子が思えたとき、はじめて安心してそうした気持ちをだしてくるのだ。そしてそれは、この先生たちのように、大丈夫！　と心を込めてその子に伝えたときにしか出会えない姿なのだと思う。

子ども、侮《あなど》ることなかれ

いつもの小さな学習会で、若い男性保育士T先生が話してくれたひとこまである。

給食を食べながら、年長の女の子たちが話していた。聞くともなしに聞いていると、女の子たちは、クラスで好きな男の子について話しあっている。そして、じゃあ、好きな子を〝いちにのさん〟で指さししよう、ということになり、〝そうしよう、そうしよう〟と話はどんどん進む。これが聞こえていた男の子たちは、内心きっとドキドキしたにちがいない。そして、なんの躊躇《ちゅうちょ》もなく、かけ声とともに女の子たちはいっせいに好きな男の子を指さした。そうしたら、なんと、全員がひとりの男の子に集中したのだそうだ。たしかにその子が好感度ナンバーワンになるのはうなずけるものがあるとその先生は話してくれた。

そうしたら、きかん坊で、自分の主張を絶対に曲げないといつもがんばる（だからよくケンカもしている）Kくんが、〝なんで俺をだれもさしてくれないのか〟と怒りだした。どうなるのか？　と見ていたら、女の子のなかでよく気のきく子が、「でもね、私はKくんは二番目に好きだよ」と言った。Kくんは二番目でも好きだと言ってくれたのがうれしくて、T先生に、「〇〇ちゃんが、俺を二番目に好きだと言ってくれた！」と飛んできて報告した。もちろんT先生は成りゆきを見ていたので、女の子ってなんかすごいなあ、と感心してしまったという。

T先生は、ひとり勝ち（？）した男の子に、「いいなあ、先生もそんなふうに言われてみたい、替わりたいなあ」と言った。その男の子は得意そうに、「だったら先生、生まれたときに△△（自分の名前）とつけてもらったらよかったんだよ」と言ったという。卒園まであと三か月、年長の子どもたちとT先生とのしっとりした関係とほのぼのとした空気が伝わってくる。

聞いていたみんなは大笑い。年長の女の子たちって、こわいものなしだよね、二番目、と言われてうれしくなったKくんてかわいいね（じつは、四歳児のときから、この学習会ではKくんの話題がなんどもでていて、ときにはすぐ手や足がでてしまい、先生としても悩んでいたこともあったので、よけいに親しみが湧いたのだが）、名前をつけ替えればいいなんてよく考えたね、とひとしきり盛り上がった。

その話に触発されたように、別の園の大ベテランの先生が、二歳児クラスの新人の先生と子どものやりとりの話をしてくれた。よくあることだが、新人の先生だと、お昼寝は寝ないで騒ぐ子が必ずいる。その日も新人Rさんは悪戦苦闘していた。見かねたクラスのベテランの先生が、「じゃ、あとはやるから先に休憩に行っていいよ」と言ったら、Rさんは泣きだしてしまったという。驚いたベテランの先生は、「別にあなたがダメと言っているわけではないよ、ごめんごめん」と引き下がった。ここからはR先生が話してくれたのだが、泣きながらR先生が寝かせていたところ、その子が、あれっ？　と気がついたようで、「先生、なんで泣いてるの？」と聞いてきたそうだ。R先生は、それはさんざん寝ないで次々とやってくれるあなたのせいよ！　と思って（もちろん言えなかったけれど）、おかしくなって笑ってしまったという。

また、別のときに、R先生に「バカ！」と言った子がいた。カチンときて、となりにいた別の女の子に思わず「先生、〇〇ちゃんにバカって言われちゃった」と言ったら、その子に「まあまあ、R先生、落ち着いて」と言われてしまったという。

二歳児クラスって、まだかわいい二歳、と思っていたけれど、こんなにもたくましいというか、おとなと対等な感じというか、びっくりしたそうである。そうした洗礼をもれなく受けてきた参加者は、わかる、わかるといいながら大笑いした。みんな、温泉にでも浸かったように心もからだも暖かくなる学習会となった。子ども、侮《あなど》ることなかれ。

そんなことするのは、なに組さん？

子どもとともに暮らす毎日にはエネルギーが必要だ。乳児が泣くとき、なんで泣くのかわからないけれど泣き止まないと、すべてをあとまわしにして、その〝泣き〟とつきあわなくてはならなくなる。それが夜中だったりすると、おとなのほうが泣きたくなってくる。待ち望んでいた赤ちゃんが生まれて、幸せいっぱい、と言っていた若いふたりが、毎日の夜泣きでヘトヘトになっている。でも、ほとんどなんのアドバイスもしてあげられない。どうしたらそれがおさまるか、わからないからである。せいぜい、「我が家も生後七か月から一年間、毎日夜泣きをされたけれど、その子もいまはなんとかふつうにおとなになっているよ、ほんとに毎日、眠いし大変だよね」、と話すくらいである。それを言ったら、「えっ、一年もつづくんですか？」……とよけいにがっかりさせてしまい、あわてたこともある。

そして、自我がでてくると、子どもは起きているあいだじゅう、自分の意思表示をしつづけるようになる。

いつもの勉強会にまだ保育園で働きはじめて三か月の、ほんとうの新人が初めて来てくれた。二歳児クラスを先輩といっしょに担任しているという。困っているのは子どもが言うことを聞いてくれないこと。「ごはんだからお部屋に入ろうね」と言うと、「入らなくていい」と言う。「ご飯食べようよ」というと「食べなくていいんだよ」と言う。でも、そのままにはしておけないので「食べないとおなかが空いて元気なくなっちゃうよ」などと言うと、「ちがうよ」と子どもは動かない。「ちがわないよ。それに、遅くなるとごはん、片づけられちゃうよ」とこちらがさらに言うと、「ちがうよ!」とがんばる。新人さんは「ちがわないよ!」と力をいれてしまい、「ちがう」「ちがわない」、と二歳児と本気でやりあってしまうのだそうだ。

そういうとき、最後はどうなるの? と聞いたら、組んでいるベテランの先生が代わってくれて、自分は食事の支度とかにまわっているうちに、なんだか入室して手も洗って食べる体制になっているのだという。ベテランの先生が来ると、子どもはすっと入ってくるのだそうだ。自分だと言うことを聞かない、とその新人の先生はちょっとなさけなさそうに言った。聞いていた先生たちは、よくある、そういうときの気持ち、よくわかる、と口々に言いはじめた。でも、子どもが素直に入室することが必ずしもよい保育なのではないよね、子どもはどんな気持ちなのか、考えることが大事だよね、という話になった。

子どもが思うように動かないとき、保育者がつい言ってしまうことばがある。なかなか片づけないであそんでいる子に、「いま、なにするとき？」と詰め寄るとか、着替えは自分でやれるのに、やろうとしない二歳児に、「あなたはなに組さん？　赤ちゃん組さんだね？　だったら赤ちゃん組に行って、やってもらいなさい！」などという声が飛び交う職場も結構あるらしい。

一歳児の担任をしている先生が、このところ毎日、二歳児クラスから、そう言われてベソをかきながら着替えの服を持って自分のクラスに来る子がいる、と話してくれた。なんだか失礼しちゃう、と思うので、その子には「いいよ」と着替えをやってあげているそうで、こうなると、その子をどう理解するのか、という職員間の問題になってくる。

三歳児クラスになると、子どもも口が達者になる。自分の園で、ある先生がトイレに行こうとしない子に「あなたはなに組さん⁉」と言ったら、子どもが「ウンコ組！」と答えたという。その先生はカチンときてしまい、「じゃ、ウンコ組はトイレでご飯も食べるし、お昼寝もします！」とその子の布団を持ってトイレまでひきずっていこうとしたという話をしてくれた。一同、笑ってしまったが、自分のクラスの先生から、先生の思う通りに行動しないと自分のクラスの子ではない、と言われては、子どももたまらない。

「ウンコ組！」と言った三歳さんに会いたくなった。

子どもは理不尽な経験を忘れない

何人かの保育士の方たちと話していて、いつのまにか幼い頃にあった忘れられないできごとの話になった。ひとりの先生が自分の保育園時代の話をしてくれた。その先生の話はこうだ。

お昼ごはんの前に、幼かった彼女は、お友だちのAちゃんと「ごはんのあと、あそびのつづきをしようね」と約束した。そして給食になったのだが、Aちゃんは先に食べ終わりBちゃんとあそびはじめた。食べるのがゆっくりだった彼女は、いっしょうけんめい食べるのだが、なかなか食べ終わらない。Aちゃんに「自分とあそぶって約束したんだから待ってて」、と言ってもBちゃんとふたりであそびに行ってしまった。くやしくなって泣きはじめた彼女に、クラス担任の保育士の先生が、「あなたが食べるのが遅いからいけないんでしょ。そんなに泣きたいのならブランコのところに行って泣いてなさい！」と言った。幼かった彼女は言われた通りブランコのところで泣いていた。そうしたら、担任の先生に「いつまでそんなところで泣いてるの！」と叱られてしまった。そのとき、その彼女は泣きながら、「だって先生がブランコのところで泣いていなさい、って自分で言ったのに、なんで叱られなくちゃいけないの？」と、とても理不尽に思い、もっと大きな声で泣いたのだという。

そのときのことはすごくはっきり覚えている、と彼女は言った。そして、五〇年も経っているのに、Aちゃんや Bちゃん、そのときの担任の先生の名前をフルネームですらすら教えてくれた。よほどおとなに対してくやしかったんだろうね、とみんなで感心していたら、その彼女が「じつは、このことが、私が保育士になろうと思ったきっかけだったの。私はぜったい子どもの気持ちのわかる保育園の先生になってやろう。おとなの勝手で子どもにイヤな思いをさせない先生になりたい、ってね」。

私たちは、三歳か四歳でこんなことを思っていたこの先生にさらに感心した。

別の先生が、「くやしかったりしたことって、不思議とよく覚えているよね」、と話しはじめた。

四歳か五歳の頃だったそうだが、当時、○○レンジャーごっこが流行っていた。五人の変身した仲間が正義のために怪獣などと戦うのだが、仕切っていたのはMくん。Mくんはいつもレッド。そして、いつもクラスでいちばん目立っていて男の子たちのあこがれだった女の子のAちゃんをピンクに指名するのだった。その先生もレンジャーになりたかったが、五人のうち、女の子の役は当時はピンクだけで、自分も「やりたい」と言ってもMくんはまったく意に介さず、必ずピンクはAちゃんなのだった。うらやましい、自分もやりたいのに、なんでAちゃんばっかりいつもピンクがやれるのか、不公平だと思っていたことを思いだしたという。

その気持ちは大きくなって成長していく途中でも、ときどき不意に顔をだすことがあり、願いを聞いてもらえなかった（無視されていた、と感じていた）その頃の自分のせつない気持ちが、解決されたわけでもなく、かといって大きな怒りになるわけでもなく、自分のなかにいつまでも残っているのに自分で驚いたりしたそうである。そういえば、自分がやったんじゃないのに怒られた！　とか、不公平に扱われた、といった記憶はなぜか忘れない。

このふたりの先生が話してくれた幼い頃の記憶は、まわりで聞いていたらほほえましく、「おとなってときにはついかっとして理屈にあわないこと言っちゃったりするよね」、といった感じのよくある話なのだが、子どもにとっては忘れられないくらい、くやしかったり悲しかったりするのだということをあらためて知った気がする。とくにすべてを委ね、信頼しているおとなから受けた理不尽な対応はこんなにも子どもに強い印象を残すのか、と考えたら、ちょっと怖くなった。「しまった」と思ったら子どもにしっかりあやまろう。

避けて通れないうんちの悩み

保育園であるお母さんが、じつは、四歳児クラスの息子さんが、うんちのとき、紙おむつをしないとうんちができない状態なのだ、と話してくれた。それは、保護者を交えた保育園の運営会議のようなものに筆者も同席していたときだった。保育園について、どんな小さなことでも気づいたことを話してほしい、という園長先生の声かけに、そういえば、うちの子が「〈紙パンツまだはいてるの？　トイレでうんちできればいいのに〉と〇〇先生に言われたのがいやだった、明日は言わないといいな」と言っていた日がある、と話してくれたことからわかったことだった。明るいお母さんで、それほど困っていないのかとうかつにも思ってしまうようすだった。でも、夫婦で話しあって、トイレの壁紙をその子の好きなキャラクター柄のものに張り替えようと考えているということを聞き、おうちでもほんとうに悩んでいることがうかがわれた。

排尿はトイレでできるそうなので、ほんとうはトイレという空間そのものへのこだわりではないのかもしれないと思うが、うんちについてはもっと小さいときから保育園でもトイレではしないと決めているようで、そのうち、おしっこがトイレでできるようになってパンツになってからは、うんちがしたくなったら紙パンツにはき替えて、そこにうんちをするようになり、現在に至っているということだった。

園長先生は、そのお子さんのそういう状態は先生たちみんながわかっていて、無理にトイレに誘ったり、紙パンツをはくことがだめなことのように言ったりしないように合意はしているけれど、さらに職員には徹底します、とお母さんにあやまった。お母さんは、トイレにいけば済むことなのに、なぜそれができないの！　と自分もイライラしてしまうことがあるので、保育園ではよくやってもらっていると重ねて言っていた。

この頃では、外出先で紙パンツにはき替えることをいやがって、うちに帰りたいと言い、途中で帰ってきてしまうこともあるのだという。そしてそういうとき、うんちをがまんしているそうだ。うんちがトイレでできないことでいちばん困っているのは、なんといっても本人だよね、と確認し、とにかく、どこで、どんなスタイルであっても無事にうんちがでたことをまずよかったと確認しよう、本人にもうんちがたくさんでることが元気に暮らしていくうえで大事なことだと感じてもらおう、とそこでは話しあった。

そのすぐ後、ある学会で、子どもの便秘について、小児科の便秘の専門の先生の講演を聞く機会があった。冒頭で、排便は、生きていくうえで必須の生命活動であるけれど、意志が少しでも働くのは入口（食べること）と出口（肛門のところでがまんするなど）だけであり、あとの仕組みは自律神経の働きで営まれていて、直接本人ががんばればなんとかなるようなものではないという話がされた。いっしょに聞いていた保育園の先生は、そのことがショックだったという。もちろん、早寝早起きや、バランスのよい食事や適度な運動などは大切であるが、子どものからだの内臓の働き方や、そのリズムがうまくいっていないとき、どこに問題があるのかを（つまり、直腸に便が残って固まっていたら、いくらからだによい食事をしてもさらにその塊を大きくし、だしにくくなってしまうかもしれないなど）正確に把握しないと悪循環が起こり、子どもはその真ん中でほんとうに困ってしまうのだということをあらためて学んだ。先のお子さんももしかしたら便秘があるのかもしれないと、初めて思い当たった。

子どもの思いをわかろうとするよう努力してきたが、子どものからだの声もしっかり聴けるようになりたいと思う。

わかってもらえるということ

ある保育園で、園内研修のために撮影した子どもの映像を見せていただいた。二歳児の食事風景で、五、六人で囲んでいるテーブルの端の席で、女の子のRちゃんが「おだんごー、おだんご！」と叫んでいる。食器はたくさんでていたが、どの子の器もほとんど空っぽのようだった。先生は頭のうしろが映っていて、みそ汁のなべを持ち上げ、残り少ない汁物を少しずつ、ほかのおかわりをほしがっている子に分けていた。それらのいろいろを上まわる大きな声で、Rちゃんはおだんごコールをしていた。

見せてくださった先生が、「この日は肉団子がでて、Rちゃんは三個も食べたと思う、でももっとほしいと訴えているのだけれど、人気メニューなのでもうおかわりがないのだ」と説明してくれた。うしろ姿の先生は、Rちゃんにときおり顔を向け、「おだんご、おいしかったよねえ、もっと食べたいねえ」と言いながら、「〇〇先生にお願いして、給食室の先生に聞いてきてもらおうか」と言って、その先生にお願いした。先生が給食室に聞きに行っているあいだは、Rちゃんは騒がずに待っている。願いが叶う方向にむかって事態が動きはじめていることをちゃんとわかっているのだな、と思った。

しばらくして、「残念なお知らせでーす」と給食室に聞きに行った先生が戻ってきて、もう給食室にも残っていないのだと言った。とたんにRちゃんはさっきよりもっと大きな声で「おだんごー！　おだんごー！」と半べそをかきながら要求しはじめた。もうおだんごはないのだし、これはどうなるのかなと心配しながら見ていると、先生は「困ったねえ、もう給食室にもないんだって。もっと食べたかったねえ」と困っているとは思えないようなのんびりした口調でその子に声をかけながら、ほかの子にお汁を少しまた分けている。そして、「Rちゃんもおみそ汁飲む？」と聞いた。Rちゃんはまだ半べそをかいていたがうなずいた。先生は、おなべの底をさらうようにしてみそ汁をRちゃんの器によそった。「こんどはもっとたくさんおだんご作ってくださいって給食の先生にお願いしようね」「うん」。映像はまだつづく。

Rちゃんはタオルにゴムをつけたエプロンを自分で外して、みそ汁を飲もうとしている。先生が「お汁がこぼれてぬれちゃうんじゃない？　大丈夫？」と言ったが、Rちゃんはそのままお椀を両手で持ってみそ汁を飲んだ。こぼさずに上手に飲んで、ほら、こぼさなかった、と得意そうに先生に胸を張ってみせる。「あ、ほんとだ。こぼさなかったねえ」と言われ、彼女は満足そうにつづきを飲む。しかし、今度はシャツのなかに汁がこぼれてしまう。冷たくていやなのか、自分のシャツを引っ張ってなかを覗き、そこでシャツを脱ぎはじめる。「ぬれちゃったねえ。着替えのお洋服、あるかな」とまた先生の声。彼女は自分のロッカーに行って、着替えのシャツを探してきて先生に見せている。「あ、お洋服、あったね。よかった」と言ってもらって、彼女は満足そうに自分で持ってきたシャツを着た。そして、テーブルの上のさっき自分ではずしたエプロンを引き寄せて自分でかぶった。

ここで映像は終わる。あの堂々としたお団子の要求といい、エプロンを自分ではずし、こぼして自分で着替え、自分でまたエプロンをつけるプロセスといい、なんとすてきな人生が展開されているのか、そのことに圧倒された。自分の思いが聞いてもらえるということは、すべてが思い通りになることだとは子どもも思っていないのではないか。でも、自分のそのときそのときの要求をだすことを否定されない、わかってくれる、「ほらみなさい」なんて言われない。そうして試行錯誤しながら、自分でわかっていく人生をだれだって歩みたい。その喜びと誇りを育てるこんな保育も可能なのだとあらためて知った。

無表情という意思表示

ある保育園で、テラスでのあそびが盛り上がっているのを見つけて保育室から四歳児クラスの女の子がでてきた。仲間にはいってあそぼうとしていたとき、戸がガラッと開いて、先生が顔をだし、「〇〇ちゃん、やりかけのまんまになってるよ！　自分で片づけて！」と言った。先生の顔はすぐ引っ込んだが、その子はすっと無表情になり、走って室内にもどって行った。片づけるためだったようで、すぐにもどってきてあそびに加わった。もどってきたときは、いつもの顔だった。

別の園の雨の日、四、五歳さんが保育室のすみで話していたと思ったら、女の子がふたり並んで両手をまっすぐ上に伸ばし、誰かが合図したとたん、クロールのように手を動かして並んで走りだした。テレビで見た水泳競技をやっているのだな、と思った。次のふたりがスタートラインにかけもどってさらにつづけようとしたとたん、何人かの子どもたちと製作をいっしょにしていた先生から「狭いなかで走らないで！　ぶつかったら危ないでしょ！」と声が飛んできた。何人かいたその子たちはさっとすべてをやめて部屋のはじに座り込んだ。その瞬間、やはりその子たちが無表情になったように見えた。その後、いっしょになにかをしようとしているらしかったがつづかなくて、おもしろいことをやりたい気持ちなのにどこかおもしろくなさそうで時間つぶしをしているような感じになった。

子どもがなにかを注意されて言うことをきくとき、ときどきこの表情をみることがある。妙におとなびた表情で、意思表示をしないと決めた顔というか、あきらめた表情というか、いやだと反発するのでもなく、悪かったと反省しているのでもないこの表情をみると、ドキッとしてしまう。

久しぶりに立てつづけにその表情に出会い、何年もまえにここにも書いたことがある一歳児クラスのエピソードを思いだした。新人の先生がベテランの先生と組んで一歳児を担任していた。お昼寝のときにはいつも保育室のふとんを敷くところにござを敷くのだが、お昼寝のあと、ふとんをたたんで押し入れに入れ、次に敷いていたござを巻いて片づける。

新人の先生が、ござを巻きはじめると、一歳児たちがござに群がってきてござの上に乗っかる。巻こうとして持ち上げているところに乗っかってくるので子どもたちは飛びついてはころがり、また飛びついて楽しくてたまらないというふうにころがる。

ところが、ベテランの先生は、片づけるためにござを巻いているのにそれであそぶのはいけないとわからせなくてはいけないと思っているようで、「ござから降りなさい！いまはなにをするとき⁉」と大きな声で言うのだそうだ。その声が聞こえたとたん、子どもたちは無表情になり、すうっとござから降りておやつのために手を洗いにいく。蜘《く》蛛《も》の子を散らすように、という感じで言うことをきくときのその表情が見ていてたたまれない気持ちになると新人の先生は言った。ほんとうはそのベテランの先生は新人の自分に言いたいことを子どもに言っているのだろうと思うとますますせつなくなる、とも言っていた。それでも、新人の先生がござを巻くと、懲《こ》りずにやっぱりござに飛びついてきてきゃっきゃと楽しそうにころがっている子どもたちがかわいくて、こらこらと言いながらも自分も楽しいと言っていた。

無表情というかたちで表している子どもの意思を見逃さないで、子どもが思っていること、願っていることを探し求め、わかっていくことがほんとうの子どもの気持ちと向きあえることなのだと思う。そしてきっと、ていねいに自分の気持ちに向きあってくれるおとなとの日々が、子どもたちに、ほんとうにやってはいけないことを理解し、よりよい自分でありたいという願いを育んでいくのだろう。

ごめんねって言って

四歳のAちゃんは、いつもいっしょにあそんでいるMちゃんに、しょっちゅう「ごめんねって言って」と言う。なにかあったのかなと思って、先生が「どうしたの？ Mちゃんになにかいやなことされたの？」と聞いても、Aちゃんはなにも説明せず、さらに「ごめんねって言って」と言う。Mちゃんはとくに反応しない。「なにがごめんねなのか、Mちゃんはわからないのでは？」と言うと、Aちゃんは「Mならわかる」と言う。ほかのみんなは「いつもAはMに〝ごめんねって言って〟って言うよね」と言うが、Aちゃんは「Mがごめんねって言ってくれないとAは力がでない」なんて言うのだ。

そんなやりとりを繰り返し、ごはんを食べ終わったあと、Mちゃんが「ごめんね」と言った。Aちゃんはほっとしたようなうれしそうな顔をした。先生がMちゃんに、「いいの？　ごめんねを言うので」と聞くと、Mちゃんは「ウン」と、けろっとしたようすで答えた。これが毎日のようにつづくのだという。それも、AちゃんはMちゃんにばかり言うのだそうだ。

この保育園は夜遅くまで開いている保育園で、ふたりは乳児期からずーっといっしょに保育園で毎日を過ごし、夕ご飯も毎日いっしょに食べ、大きくなってきた関係である。

この話をしてくれた先生に、「AちゃんがMちゃんにあやまってほしい理由はあるの？」と聞いてみると、「Aちゃんとしてはあるのでしょうけれど、私たちにはわからないの。つい、なにかあやまらなくてはいけないことをMちゃんはAちゃんにしたの？と聞いてしまったり」という答えだった。

Aちゃんがそこに込めた思いはなんなのだろうね、とそこにいた何人かの保育園の先生たちと考えた。Aちゃんは日曜日以外、ずっと早朝から夜の八～九時頃まで保育園で過ごしている。平日は毎日、家ではなく園で夕ご飯を食べている。土曜日だけは六時過ぎのお迎えだそうだ。でも、この保育園には毎晩もっと遅くまでいる子たちもいるし、Aちゃんが特別なわけではない。

Aちゃんには兄がいるが、このお兄ちゃんがものごとの理解などがとびきりはやい子だったそうだ。「じゃあ、Aちゃんはお兄ちゃんと比べられて、おうちでは、ちょっとだめな子のように思われているの？」と筆者が先生に聞くと、とくにそれでだめだとか言われていやな目にあっているわけではなさそうだけれど、おうちの人は、お兄ちゃんがAちゃんの年齢でわかっていたことやできていたことは、Aちゃんも同じようにできるものだと思っているのかもしれない、と言う。だから、おうちの人たちのかかわりがAちゃんの気持ちや状況とすれ違うところもあるかもしれないし、二番目なので、とくになにかが起こらないかぎり、おうちの人たちは仕事に必死で、それほどAちゃんの気持ちを心配したりはしないかもしれない、だいたいどの家庭もそうだけど、とのお話だった。

そうやって、Aちゃんの「ごめんねって言って」をめぐって考えていたら、その先生が「ほんのちょっと、なんかわかるような気もする。私も夫にごめんねって言ってほしい気持ちになることがあるかも」と言った。なにか具体的な謝罪が必要なとき？　と聞いたら、とくにそうではないと言う。ありがとうとは違うの？　と聞くと、それは気持ちとしてはすごく違うと言うのだ。Aちゃんの思いもそんな感じの「ごめんねって言って」なのかしら？　それって安心して甘えられる関係の相手に自分の気持ちをいたわってほしい、といった感情なのかもしれない。乳児期からずーっと、平日は起きている時間のすべてといってよい時間をともにしてきているふたりだからこそ、Aちゃんは言ってほしいし、Mはわかってくれるはずだと思っているし、そして、Mちゃんもごめんねと言えるのかもしれない。正義の審判や反省とはちがった〝ごめんね〟があることを筆者は初めて考えた。だれかに無条件に愛されているという実感がほしいと言ったらいいのか、人を安心の糧にしたいという願いがこんなかたちででることもあり、それをなんとなくわかりあえる関係が、こんなに幼くてもあるのかもしれないと思うと、なんだかしみじみとした気持ちになった。

「いいよ」が、
ほんとうの「いいよ」に
なるには

ぽいぽいのわけ

ある一歳児クラスの話である。一歳児クラスだと、なかなかことばで伝えることがむずかしく、なにかしゃべるようになってくると、ますますわからないことが多くなる。なにせ、本人はしゃべっているつもりなので、それがわからなくて何度も聞き返していると、なんでわかってくれないの！　と怒りだしたりする。

四月から、その一歳児クラスも、ほかと同じようにたくさんの要求を泣いたり行動で示したり、にぎやかであったが、そのなかに、あまり要求などをださず、いわゆる「手のかからない」子どもがいた。とくに気にしていなかったが、一一月頃になって、その子が、ウォールポケットに入れてある絵本をだしてはぽいぽい放り投げるようになった。

「それはだいじなものだから、ぽいぽいしないでね」とていねいに話すのだが、その子はわかったのか、わからないのか、あまり表情を変えずにまたぽいぽいと絵本を放る。叱ってみてもやめない。諭《さと》してみてもやめない。どうしてやるのか聞いてみても、もちろん説明してくれない。

担任の先生たちは困ってしまった。そして、その子のことをみんなで考えた。思えば、同じクラスのほかの子が不安定だったりこだわりが強かったりして、泣いたり「やだやだ」を言ったりしていた春から秋までのあいだ、この子はいわゆるわがままを言うことなく、そのときの活動についてきていた。そのため、クラスの話し合いにのぼることはなかったのだ。

この子はようやく自分の番がきた、と思っているのかしらね、その子なりになにか私たちにアピールしているのかもしれない。先生たちは、ぽいぽいするのを注意するのではなく、「絵本読みたいの？　読んであげようか？」とか、「抱っこしようか？」とか言ってみた。

それでもその子のぽいぽいするのはおさまらない。でも、それまでは無造作にぽいぽいと放っていたのが、先生たちの顔を見ながらやるように変わってきたような気がしたそうである。

先生たちは、その子の一日をていねいに追ってみた。朝、とくに親と別れ際に泣いたりすることもなく、したがって、離れがたくて大泣きする子を先生は抱きとるが、この子は保育室にいつも置いていかれていた。その後、いろいろおもちゃをいじったりするが、とくに夢中になってあそぶこともなく、かといって先生にまとわりつくこともなく、朝のおやつの時間になり、その後散歩にでる。散歩車におとなしく乗せられて、あちこちみているが、あまり指差して興奮してなにか言ったりもしない。お昼ごはんも午睡もなにか淡々としているふうなのである。

先生たちは話しあい、そして、朝の受け入れに積極的にかかわることや、自由にあそんでいるときに、その子がおもしろそうと思うことをこちらから見つけていっしょにあそんでみよう、寝るときにもできるだけだれかがつき添ってトントンするとかしてみよう、ということにした。

はじめは、なんで来るの？　先生、というような反応だったそうだが、だんだん甘えたり、もっとあそんで、という要求がでてきて、実際、表情がでてきたという。そして、それとともにぽいぽいがなくなった、と言えればかっこいいのかもしれないが、回数は減ったが、ときどきぽいぽいするのを、なんだか楽しそうにやるらしい。

「進級」って子どもにとってはどんなできごと?

四月になると、保育園の子どもたちはひとつ年齢の上がったクラスになる。担任の保育士は、子どもたちといっしょに持ち上がるケースもあれば、ほかのクラスの担任になるケースもある。

あるベテランの保育士さんが、こんな話をしてくれた。その先生は一歳児クラスの担任だったが、四月に同じ子どもたちの担任として二歳児クラスには持ち上がらず、三歳児クラスの担任になった。一〇日ほどたって、園庭でクラスを越えてみんなであそんでいるとき、去年受け持っていた子どもたちに出会った。子どもたちは、「先生! どこに行ってたの?」とうれしそうにかけ寄ってきた。先生は「先生、こんど〇〇組さんの担任になったの。だから〇〇組のお部屋にいるんだよ」と笑顔で答えた。それぞれの保育室にもどるとき、三歳児クラスの子どもたちともどろうとしたその先生に、さっきの子どもたちが「先生、どこに行くの?」と聞いてきたそうだ。

「先生はこんど○○組の先生になったから、○○のクラスのお部屋に行かなくてはならないの。○○組のお友だちが待っているからね」とまた説明したが、二歳児の子どもたちがそのことを理解し、納得していないのはよくわかったという。

一歳児クラスの担任だった先生が、翌年も一歳児クラスの担任になった場合、こんなこともある。二歳児クラスに上がった子どもが、はじめは自分もいままでと同じ部屋にいるのが当然という感じで、二歳児クラスの部屋に移動せず、元いた一歳児クラスの部屋にいたりする。新しい一歳児クラスの子どもたちがおもちゃなどを持つと、だめーっと言ったりして、「もうあなたは二歳児さんのクラスだよ」と元担任だった保育士に強く言われる。すると、大好きだった先生を一歳児クラスの部屋で見かけたりしても近寄ってこなくなり、目があってもふっとそらして遠くから見ている、といった姿になったりする。

思えば、進級というかたちでクラスや担任が四月にかわるのは、私たちにとってはあたり前のことになっているが、子どもたち、とりわけ低年齢の子どもたちには理解できないことかもしれない。きのうまで自分のところに毎日いた先生が、どうしてきょうになったらいなくなって（あるいは見えていてもほかの部屋でほかの子どもたちと生活していて）もどってこないのか理解できないし、納得できない。かわったばかりの四月頃には、きっと子どもたちの頭のなかは、はてなマークでいっぱいなのではないだろうか。

そして、このような子どもたちが一日もはやく慣れて落ち着けるようにと願ったとき、保育としては正反対のふたつの方法が浮かんでくるようだ。

ひとつは、子どもと出会ったり、かけ寄ってきたりしたときにはそれを笑顔で受け止めつつ、ときには離れるのをいやがったらそのまま先生の新しいクラスにいっしょに行くのもあり。保育者同士がいま○○ちゃんはここにいるから、と伝えあっていればよいとし、時とともに落ち着くのを待つ、という方法である。これは保育者同士がみんなでいっしょに育てるといった合意が、具体的になされていないとできない。

もうひとつは、クラスがかわったことをはっきりわかってもらうために、子どもが寄ってきてもあまり相手をせず、あなたの担任の先生はもう私ではないんだよ、と態度で示すことで、新しい先生やクラスにはやくなじんでもらおうとする方法である。

それぞれの園、先生たちはいろいろ考えて工夫もされていると思う。だから、方法はひとつではないと思うが、こうしたことを考えるとき、いつも出発点は、子どもはこの状況をどうとらえ、どんな気持ちなのかに思いを馳せることなのだということは、言えると思う。

保育の世界への入り口

　これは、小さな勉強会で若い先生がしてくれた、四歳児クラスの三月、もうすぐ五歳児クラスになる子どもたちの話である。

　ある日、実習生に、子どもたちが絵を描いてもらっていた。そのうちに片づけの時間になり、Aちゃんはかろうじて描いてもらえたが、次に待っていたRくんは、あそぶ時間はおしまいと言われてしまった。Rくんは「描いてー！」と主張してがんばり、困ってしまった実習生と交代した担任の先生が「片づけの時間だからいまはやめよう」と話すと、「いやだー!!」と叫んで大泣きしてしまった。

　担任の先生は、おやつのあとの帰りの会で、みんなでRくんのことをきっかけに絵のことについて話しあうことにした。

　担任の先生が「先生たちにばかり絵を描いてもらうのはどう思う？」と問いかける

と、Rくん以外の子どもたち全員が、「いけないと思う」と答えたという。Rくんだけは「先生たちに描いてもらうのはいい！」と言った（聞いていた勉強会のメンバーからは、おしまいになる直前に描いてもらえたAちゃんも「いけない」と言ったの？ と質問がでたが、Aちゃんも「いけない」という意見に賛成だったそうだ）。

「いけない」と言うこどもたちに、そう思う理由を聞いてみると、「自分で描いたほうがいい」「（描いてもらってばかりいると）おとなになったときに描けなくなる」「みんなが描いてって（先生のところに）行ったら先生は困る」「へただからって描いてもらうのは変だ」など、たくさんの意見がでてきた。

こんどは、「いい」と主張しているRくんに、なぜそう思うのか聞いてみると、「オレは（絵が）へただから、先生は絵が上手だから描いてほしい」という答えだった。

まわりの子どもたちからは、それはなかなか支持されなかったらしく、いろいろな発言が飛び交ったという。担任の先生は、「絵は上手か下手かじゃない、心で感じるものだ」と言ってみたが、子どもたちはポカーンとして、無視されてしまったらしい。先生の必死さと、子どもたちのようすが想像できて、聞いていた勉強会のメンバーは思わず笑ってしまった。

けっきょく、子どもたちのなかから「むずかしいところは先生に手伝ってもらおう」ということで全部描いてもらおうとするのはやめることとなり、Rくんはそれでいちおう納得したそうである。報告してくれた若い先生は、子どもたちの話し合いの結果だったけれど、ほんとうにこれでよかったのかな、とも思うと率直に語ってくれた。

この報告を受けての話し合いでは、四~五歳になってくると、「できる、できない」が気になって、とくに結果が見えやすいものについては、やれなくなる子がでてくるよね、という話がでてきた。

そのとき、聞いていたある大ベテランの先生が、「報告した先生は、描いてあげるのをやめにしたいと思っていたのかしら?」と言った。

Rくん以外の子どもたちが全員「いけない」という意見になったのは、先生がそう思っていることを子どもたちがキャッチし、だから「いけない」と言ったのではないかというのだ。もうひとりの先生からは、「先生の意図を汲んで、そこにみんなのっかっちゃったのかな。そういうことってあると思う。そうしてみると、Rくんはすごいよね。ひとりになっても、理由もちゃんと話して自分の主張を表明したんだから」。

一見、子どもたちの自主的な話し合いに見えても、おとなの意図や、でてくる意見に対するおとなの反応などによってひとつの方向に流れてしまうことがある。おとながそのことに気づいているかどうか、そしてどのようにかかわっていくか、大切でむずかしい保育の世界への入り口がまた見えた気がした。

子どもの思いがわからなくて悩むとき、わかっていて悩むとき

ある勉強会で、二歳児クラスの若い先生が、午睡のとき、Aちゃんに「トントンしてー」といつも言われて困っているという。お母さんが妊娠中なので甘えたいのだろうと思ってトントンしにいくと、かえってテンションが上がって寝ようとしない。けっきょくは注意しなくてはならず、Aちゃんはふてくされて、しあわせに寝るという具合にならないのだそうだ。さらに、Aちゃんに刺激されるように、ほかにも「トントンして!」という子がでてきて、「ちょっと待ってね」「順番で行くねー」と言っても、「だって来てくれない」と泣いてしまったりして、午睡が憂鬱《ゆううつ》な時間になっている。

その先生は、一見わがままに見えるけれど率直な思いだと感じ、なんとか子どもたちの願いに応えてあげたいと困りながらもトントンしてまわっているのだが、うまくいかない。悩んだすえ、「きょうは、Aちゃんが静かにお布団に入れるならトントンするか

ら待っててね」と伝え、Aちゃんから離れてみた。すると、Aちゃんははげしく怒って泣き、「Aちゃんひとりでいい！」と叫んでうずくまってしまった。あまりのはげしさに、抱きかかえて別室に行き、「Aちゃんのこと大好きだけど、いつも一番に行けるわけじゃないんだよ。みんなトントンしなきゃいけないからね」と言ってもうつむいて黙っているAちゃん。「じゃあ静かにお布団に入ってくれる？　そしたら先生トントンするからね」と言うと、やっと「ウン」とうなずいて部屋にもどり、静かに布団に入った。

先生は、自分がこのときAちゃんにやさしくなれなくなっていたと言う。あとふたりいる担任の先生はどうしているの？　と聞くと、Aちゃんがこの先生を求めることもあってか、いっしょにトントンしたりしてくれない、という。Aちゃんばかりに手をかけるからほかの子も言いだすので、その先生の保育がよくないと思っているらしく、助けてくれないのだそうだ。そう言いながら、先生は涙ぐむ。担任同士で話し合いがまったくできていないらしい。Aちゃんも先生もつらい日々だね、と聞いていた人が言う。だれかが、でもそんななかでも、なんとか子どもの気持ちを受け止めようとよくがんばっているねと言ったら、その先生の目からますます涙があふれた。

いっぽう、別の学習会ではこんな話がでた。やはり二歳のBちゃんが、おとなの行動をいつも気にしていて、「あれ、だれかうんちかな?」と先生がつぶやいたら、友だちのパンツのなかをのぞいて歩いたり、ほかの子に「あ、それはだめよ~」と声をかけると、走ってきて「だめよ~」と言う。しかし、朝の会で、友だちの名前が呼ばれたときには「ここ!」と指したりするのに自分が呼ばれたときは返事どころか後ろを向いてしまうのだそうだ。誕生日の子を抱っこするときにも、Bちゃんだけは素直に抱かれようとせず、抱っこしてもくねくねして自分から降りてしまう。転んだときも、「痛かったよね、大丈夫?」と駆け寄った担任にも、ちょうどお迎えに来ていたお母さんのところにも行かず、げたばこのほうに向いて顔を隠して泣いている。担任の中堅の先生が、Bちゃんの気持ちがわかってあげられないと話す。でも、担任の先生たちはBちゃんがどんなあそびのときは楽しめているかを探しだし、おばけだぞ~と追いかけるあそびを友だちといっしょにやるときがいちばんうれしそう、と毎日あそんでいるという。

まだ人生二年ほどしか生きていないのに、子どもたちの心はこんなにも複雑で、そしてこんなにもおとなにわかってほしいサインをだしているのだとあらためて思う。Aちゃんも Bちゃんも、それをわかろうと毎日奮闘している先生たちがいてよかったね。おたがいのために努力が実ることを願う。

「いいよ」が、ほんとうの「いいよ」になるには

あるベテランのA先生が異動したばかりの保育園で経験したことを話してくれた。

三歳児クラスを担任したA先生は、そろそろごはんだから片づけてお部屋に入ろうと子どもたちに声をかけた。子どもたちは、「えー、まだあそびたい」と言う。せっかくあそびに熱中しているのだから、まだもう少しあそんでもいいかな、と先生は思い、「じゃあ、まだあそんでいていいよ」と言った。

「そうしたら、びっくりしたんだけど、子どもたちがあわてたようにみんなさっと片づけて集まってきて、足を洗って手も洗って……と、あれよあれよというまにクラスの部屋に入ってきてしまったの」とA先生。そして、「え？　私、いま、たしか〝まだあそんでいていいよ〟と言ったよなあ」とその事態を飲み込めず、どうして⁇　と疑問でいっぱいだったという。

でも、ほどなく疑問は解けた。ほかの先生たちが、同じ言葉を発するときは、言葉は同じだけれど、意味するところのニュアンスが違うらしい。片づけて部屋に入るように言ってもなかなか子どもたちがその通りにやらないとき、先生は「じゃあ、まだあそんでいていいよ（でも、みんなが先に食べてしまっておかずや果物がなくなっても知らないよ）（先生の言うことを守らない子はもう知りません）」……ということで、つまり、先生は怒っています！　という表明なのだ。子どもたちはそれを察知して、あわててあそびをやめ、急いで片づける。

この片づけも、たとえば部屋のなかであそんだものを片づけないで園庭にあそびに行ってしまった子どもがいたりすると、わざわざ先生がその子を呼びに行き、連れ戻してきて片づけをさせる。片づけないのはルール違反だとしっかり教えなければいけないということらしい。「三歳くらいで、ようやく〝あれもしたい、これもしたい〟とたくさんのあそびが楽しくなってきた頃に、あそんでいる子をわざわざ連れ戻してきて、そのときに片づけさせなくてもいいのに」とA先生は言う。たしかにこれでは子どものあそぶ意欲をつぶしているようだし、第一、片づけをすることが、まるで罰を与えるような意味づけになってしまう。

さらに、たまたまその日の勤務の状況で、一歳児クラスに応援に入った日の午睡のとき、四歳児のひとりの男の子がいつまでも寝ないで騒いでいて叱られ、「赤ちゃん組に行きなさい！」と言われてベソをかきながら一歳児の部屋に現れた。あちこちの園でよくあるやりとりなのだろう。A先生は、事情を聞き、「じゃあ、きょうは赤ちゃん組で寝る？」と言ったらその子はうなずいたという。「行きなさい」と言われたので、帰るに帰れない心境だったのだろう。「それじゃ、自分でふとんを持っておいで」と言ったらほんとうに自分のふとんを抱えてきた。迎えに来た担任の先生には、「きょうはこちらで寝るというので預かります」、と話したそうだ。そして、一歳児クラスでほんとうに眠った。

ところが、これが心地よかったのか、次の日、その子が「きょうも一歳児クラスで寝たい」と主張し、「そんな赤ちゃんは、うちのクラスではありません。赤ちゃん組に行きなさい！」という言葉の効果がなくなってしまったのだ。子どももがんばるなあ、とちょっと楽しくなって聞いていたら、A先生は、「せっかく叱っているのに、ああいう対応（ほんとに赤ちゃん組で寝させる）は困る」、と言われてしまったという。赤ちゃんを下に見ることも含めて、見放されることを恐れて子どもが言うことを聞くようなかかわりにA先生は納得できない、と言う。

でも、二週間くらいで、A先生の「いいよ」はほんとうにいいんだ、と子どもたちは解釈するようになり、半年たったいまではなかなか入室しないし、なかなか寝ないクラスになった、たまには脅してみたいくらいだ、とA先生は苦笑する。A先生に出会って、ほんとうの「いいよ」に安心できている子どもたちは幸せだと思う。

子どもの要求実現のきびしい道のり

ある夏の日、三歳の女の子Aちゃんが昼寝のとき、ふとんの上でシクシク泣いていた。担任のY先生が「どうしたの?」と聞くと、「毎日プールじゃ、やんなっちゃう」という返事だった。泣くほどいやになったのか? と思い返しても、プール、毎日楽しそうに入っているように見えたのにとちょっと意外で、「じゃあ、なにがしたいの?」と重ねて聞くと、「散歩に行きたい」と言う。

そういえば、夏の暑いときは熱中症の心配もあるし、しばらく散歩には行っていない。しょんぼりしているAちゃんをみて、なんとか散歩を実現してあげたいとY先生は思った。Aちゃんに「わかった。聞いてみるから安心して寝なさい」と話したという。

幼児クラスのリーダーの先生に話してみたら、真夏は暑すぎるし、プール活動もあるから無理だと言われた。それでもAちゃんのことを考えると、なんとか実現させたい、と重ねて話すと、そんなに言うんだったら直接園長先生に聞いてみれば、と言われ、園長先生のところに話しに行った。園長先生は、自分で条件を整えられるのなら、やってみたら、と意外にも許可をだしてくれた。

暑い盛りの時間を避けるとすると、お昼寝から起きたあと、おやつの時間もいれると三時すぎから四時半までの約一時間しかないかなと考え、その時間で帰ってこられる行き先を選んだ。そして、四時にお迎えの家庭には、四時半ごろまで散歩に行っているのでお迎えを少しだけ待ってもらうよう了解をとった。また、水分補給の支度もしっかりして、万全の対策をとり、保護者にも事前に散歩の日にちをお知らせした。

当日、雨もふらず、体調不良の子どももいなくて、小一時間だけだったけれど無事に楽しく散歩に行けた。子どもたちは大喜びで、「Aちゃん、散歩に行きたいって言ってくれてありがとう！　また行こうね！」という声も聞かれた。Y先生は子どもたちの喜ぶ顔をみて、実現してよかった、と心から思ったという。

Y先生がそう思うのにはわけがあった。冬のことだが、その日めずらしく雪が降ってきた。そのとき担任していた三歳児の女の子が、園庭にでたいと言った。Y先生も同じ気持ちだったので、リーダーの先生に相談した。ところが雪が降っているときはからだが冷えすぎるからダメと言われてしまう。言いだした女の子はしっかり者で、自分で先生に言ってくるといって言いに行き、がんばったがやっぱりダメ。がっかりしていると、四歳児クラスが園庭に飛びだしていくのが見えた。Y先生はもう一度、四歳もでているし、とお願いしたが、やはりダメに。「ごめん、先生の力が足りなくて」と子どもにあやまったことがあったのだ。

散歩から園に帰り、園長先生に報告に行くと「ちょっとすわって」と言われた。「今回は許可したけれど、そしてアクシデントもなくてよかったけれど、子どもの希望に対して、気持ちはわかってあげても全部が実現できるわけではないということを子どもたちにわかってもらうことも必要だよ。そろそろ切り返すことも覚えていかないとね」と言われた。Y先生は、まさかここで苦言をもらうとは考えてもなかった、と苦笑する。「またやるぞ!」と思っていたけれど、行けなくて申し訳なかった、とも言う。

でも、Y先生ががんばったおかげで、はじめは無理かと思っていた散歩が実現してよかったよね、と聞いていたみんなが励ました。実現できてもできなくても、子どもの気持ちを感じることができて、その実現のために奔走する若い先生を、子どもたちはきっと大好きで信頼しているだろうと思う。

ある中学生へのエール

「小学校に行っても困らないように」を考える

ある保育園の園長先生から聞いた話。年長クラスのお母さんから、「保育園の給食で、パンにつける袋入りのジャムってでますか？」と聞かれたのだそうである。えっ？と思ってよく聞いてみると、小学校入学の説明会で配られた「入学前にできるようにしていただきたいこと」のなかに、給食のときにでるジャムなどの入った小さなビニールの袋を、自分で開けられるようになっていてほしいということがあったそうだ。保護者たちが、そうしたことのひとつひとつを小学校入学前にクリアしなければいけないと心配し、焦っていることがよくわかったという。ほかに、「和式のトイレも練習をしておいてください」なども書かれているようである。

保育者がとりくもうと思った活動に参加してこない子どもがいた場合、どうするか、ということが保育の課題としてよく話題にのぼる。そこでは、子どもはひとりひとり、そのときに思っていることがあり、基本的にはその子の思いをできるだけよく知って対応すること、その子の気持ちを尊重しつつかかわりを考えていくことが語られていると思うのだが、四、五歳になると、ようすが変わってくる。

たとえば、運動会で竹馬をやろうということになったとする。そのときに竹馬をやりたくない子がでてきた場合、なんとかしてその子にも竹馬をやってもらおうとする。年長クラスくらいになれば、みんなでやるとりくみが自分にとってうれしくない場合でも、「やらない」とがんばりつづけるのはわがままであるということらしい。

やらせるべきだという保育園の先生に、「やりたいとかやりたくないとか子どもが言ったとき、その子のそのときの思いをきちんと知ることが大切なのでは？」と言ったら、「学校に行ったら、自分の気持ちとは関係なく、そのときにするべきこと（勉強や課題）をやらなくてはならなくなるので、年長になったらやりきれるように指導することがその子のためだと思う」と言われた。そのときの自分の気持ちで自分の行動を決めてよいと子どもに思わせてしまっては、けっきょく、その子は学校に行ってから困ることばかり起こり、その子がかえってかわいそうだというのである。

さらに、やらないと言っている子を、まわりの友だちがいろいろ説得するような「話し合い」をしてがんばれるようにするというクラス運営をしているところもあった。年長クラスを担任するのは、こんな意味でもなかなかたいへんだ。

でも、ほんとうにそれでよいのだろうか？　小学校に行ったときに困らないように、ということばかり考えて、いま、目の前の子どもたちがなにを感じ、どう考えているのかから保育を出発することをやめてしまうのは、子どもを理解することをやめてしまう危ういことと思えてならない。小学校という新しい世界に行って、それまで知らないことを体験していくときに、困らないようにすることなんてできないのではないだろうか。困らないための先取りはどこまでいってもきりがなく、そんなことできっこない。

わからないことやできないことにぶつかって困っても、先生に話したり友だちに聞いたり、どうすればよいかがわかってさえいればよいのではないだろうか。それには、先生は、自分が困ったら相談に乗ってくれる人なんだとか、友だちも聞いてくれる存在だと子どもが安心できていることが必要だ。

つまり、自分やまわりへの信頼をもてる子どもに育っていけば、自分でまわりの力を借りることもできて、あたらしい場にいくのもこわくない。なぜなら、その子はひとりぼっちではないからだ。ジャムの袋が開けられなかったら、そのとき、どうしたらよいか、その場で考えたり相談してやってみたりして、学んでいけばよいのではないだろうか。そうした人間信頼の基礎をつちかうことが、この終わりのない不安を解く鍵だと思うのは間違っているだろうか。

「小学校との接続」の意味

久しぶりにその地方の保育園を訪れた。都会からは不便な地域で、若者は高校を卒業したら必ずと言ってよいほどいったんは外へでてしまう。そして、帰ってくるのはその一部だという。そうしたなかでも保育の要求は多い。いつも、その誰もが、子どものことを愛情をもって見ているのがわかる実践のエピソードを語ってくれるので、行って先生たちから子どもたちの話を聞くのが楽しみである。

この三月に卒園させた子どもたちのいる小学校に、園長先生と元の年長の担任である若い先生とで見学に行った話をしてくれた。その学校にその保育園から行った一年生は三人。いずれも男の子で、保育園時代、いたずらなどが多く、とくにSくんはじっと座っていられなかったり、いけないとか危ないとかいうことを次から次へとするので、先生にとっては大変だった子である。家庭的にも大変さをかかえる子だった。

行ってみると、その三人だけがちがう椅子に座り、勉強していた。聞くと三人が座っているのは理科室の椅子で、ほかの子と同じ椅子に座っていたのだが、その三人はいつもわざとガタガタと音をたてるので、音がたてられないタイプの理科室の椅子を持ってきて座らせているのだということであった。担任の先生は、「とくにSくんは手に負えません」、と言った。入学してからずっと、じっと座っていることができず、飽きてくると授業中、立ち上がったり、トイレと言って廊下にでたら、帰ってこない、それにつられる子もいて、落ち着いて授業ができず、とても迷惑している、と……。保育園の先生たちは、やっぱり学校でこうなっていたのか、と思いながら聞いていたが、これでもか、と言わんばかりのSくんの「悪行（？）」を聞いているうちに毎日叱られつづけているSくんの気持ちを思い、腹がたってきたという。

今年（二〇一六年）七月、幼稚園教育要領の改訂に向けて、中教審の幼児教育部会から審議の取りまとめがだされた。それによると、小学校とのスムーズな接続を考え、「幼児期の終わりまでに子どもに育ってほしい姿」を明確にし、そうした力がつくように五領域にそって保育をしていくことが打ちだされている。項目は一〇項目あり、その内容のなかでは、困難につまずいても気持ちを切り替えて根気強くやり抜くとか、くじけずに、あきらめずにやり遂げること、まわりの人の気持ちを考えて発言したり、折りあいをつけたりするなどといったことを重要視していることがわかる。

そして、それは、年長になってから急にはできないので、五歳になるまでにはこんな姿に、四歳になるまでにはこんな姿にと見通しをもって保育を計画してほしい、少なくとも三歳からはそのような保育を考えていくことが大切であると言っている。幼稚園だけでなく、保育園も、保育所保育指針が同時に改定されて同じことがだされると思われる（二〇一八年改訂）。幼児期の保育にとってこれは大問題である。

冒頭の保育園の若い先生は、学校の担任に「僕も、Sくんにはさんざん悩みました。たくさん叱りました。でも、ひとつだけお願いがあります。朝、登校してきたSに会ったとき、そのときだけは、にっこり笑って〝Sくん、おはよう！　先生、待ってたよ〟と言ってやってください。お願いします」と言ったそうだ。いっしょにいた園長先生は、それを聞いて涙がでてきたという。そして、自分たちは、いろいろ十分でないにしても、心から子どもを思っている保育園なのだ、と確信したそうだ。ほんとうの「接続」とは？　と考えさせられる話だった。

ある中学生へのエール

ある保育園での話である。園長先生にご了解いただいたので聞いて欲しい。

その保育園に、職業体験の一環ということで中学生が四人、三日間研修に来た。

一日目、それぞれ分かれて年齢の違うクラスに入り、子どもとあそんだり、手伝ったりしたが、子どもたちは大喜びだった。とくに男子生徒には、うしろから飛びついたり、たたいたり、蹴っ飛ばす子などもあり、乱暴なことばも浴びせたりしたらしい。中学生たちは、びっくりしたようだが一日がんばり、きちんと挨拶をして帰って行った。

次の朝も四人そろって来園し、挨拶をしてそれぞれのクラスにはいった。ところがお昼頃、ひとりの男子生徒が帰ろうとしているのを園長先生が見つけて「どうしたの?」と声をかけた。家の都合で午後はでかけなければならないので、とその生徒は説明した。「学校には話してあるの?」と聞くと「はい」と言ってきちんと挨拶をして帰って行った。気になって園長先生は学校に問いあわせた。学校は、担任に確認します、と言った。午後、学校から連絡があり、「やはりうそでした。ふたりの教師が家に行ったところ、居留守をつかいましたが、自転車もあったのでしばらくドアをたたいていたらでてきました。おなかが痛くて帰ったそうです。一九時に母親といっしょに学校に来て話をすることになりました」とのことだった。

その日のうちに学校から先生が謝罪に来た。園長先生は、その子に、「明日、待ってるから来てね」と伝えてくれるように先生に頼んだ。

翌朝、学校の担任の先生が早くから来て生徒を待っていたそうである。その子は時間通りに四人でやってきた。学校の先生が帰り、それぞれの生徒が各クラスに散ったあと、園長先生は彼に声をかけた。「来てくれてありがとう。疲れちゃったんでしょう？キックやパンチもされたよね」。彼は「はい」とうなずいた。「気にしなくていいんだよ。疲れちゃったら休んでいいんだよ」。その中学生は緊張して聞いていた。

お昼の休憩のとき、彼は片づけをしていてなかなか休まなかったという。

数日後、また四人でお礼の手紙を渡しに来て三〇分くらい子どもとあそんでいった。

二歳児クラスのRちゃんがめざとく彼を見つけて飛んできて彼に抱きつき、手を引いてあそびに連れて行った。Rちゃんのお母さんから、ふだんあまり話さないRちゃんがお兄ちゃんとあそんでうれしかったことを嬉々として話してくれたと園長先生は聞いていた。また来るかな、いつ来る？　と毎日言っていたRちゃんがどれほどうれしかったか、と先生は言った。

お礼の手紙には「……僕は子どもとの会話をうまくできないので保育園を選びました。その結果、逃げだしてしまいました。本当に申し訳ありませんでした。そんな僕に園長さんは『気にしなくていいよ』と言ってくれて、ありがとうございました……」とあった。

逃げだしたくなったりすることは誰でもあるだろう。そんなとき、気持ちを聞いてくれるおとな、相談できる人がこの少年にはいなかったのだろう。学校にもおとなみんなにもきまりを守って期待に応えることでしか自分は認めてもらえないと思っていたから、うそをつくことしかなかったのではないか。弱いところもいっぱいある自分とちゃんと向きあうことが人間として成長するために大切なこと、だからありのままの自分を大事に日々を暮らしていけばよいのだと誰も彼に教えてあげることができていないのだ。そんなままで家まで先生が探しに来るなど、きっとどんなに怖かっただろう。

「うちの卒園児たちがこんな思いをしたら、と思ったら、彼のことがせつなくて……」

と涙ぐむ園長先生と、彼をひたすら大好きと飛びついていく子どもたちの力がこの少年に届くことを切に願う。

いま、学校は

中学一年生のお母さんから聞いた話である。仕事中、学校から連絡があった。クラスの友だちをなぐってしまったというのである。おどろいて学校に駆けつけると、なぐられた生徒と保護者がいる部屋とは別の部屋で、わが子と担任の先生が待っていた。いやなことを言われてなぐってしまったという。子どもは反省していると言い、親は申し訳ありませんと頭を下げた。それでは、と先生がなぐられた子とその保護者のいる部屋に親子を案内し、まず、なぐった生徒（そのお母さんの息子さん）をあやまらせた。次に相手の生徒にもいやなことを言ったことをあやまらせた。そして、ふたりの生徒にこれでおしまいにするので、あとを引かないように、と握手をさせて解散となった。翌日、そのお母さんは菓子折をもって相手の家にあやまりに行ったそうである。

ところがそれからまもなく、今度は中学二年の生徒になぐられたということが起こった。友だちが二年生にいやなことを言われていて、それを止めに入ってなぐられた、ということだったらしい。今度はなぐられた立場でこのあいだとは反対であったが、やはり、なぐったほうの親子が先にあやまり、なぐられたほうにもなんらかの非があったということであやまり、握手をさせられて一件落着になった。

そのお母さんは先生に、あやまるより、どうしてそういうことになったのかを両方の少年から聞きだし、おたがいの気持ちをしっかりだしあうことが大切なのではないか、と質問したそうである。しかし、その先生からは、それは人の心に踏み込みすぎることになるし、この年齢の子どもはなかなかほんとうの思いを話さないので解決はむずかしい、だからこの場ではやらない、といった趣旨の説明を受けたという。

わが子に「これでいいの？」と聞いたら、ほんとうのことなんてわかってもらえない、だからよけいなことは学校にもう言わないでほしい、と言われたそうだ。

いっしょにこの話を聞いていたひとりが、握手をしたあと、ふたりは仲直りできたの？　ふたりのようすはどんなだったの？　と聞いた。そのお母さんは、自分の見たかぎりでは目もあわさず別れていったと言う。

ある新聞に、どこかの小学校だよりが載っていた。保護者みんなに配られたものらしいが、そこには「心をそろえる九カ条」と「頭をそろえる一三カ条」というものが書いてある。内容は、たとえば心については、げたばこのくつや上履きのくつのかかとをそろえることにはじまって、つくえから離れるときに椅子をそろえ（音をさせない）、教室移動のとき、黙って歩くのをそろえます（一列、頭、音、会釈）、などと書いてある。頭については、授業のあいさつ、ノートの書き方、手の挙げ方、返事、ていねいなことば、声の大きさ、発表するときと話を聞くときの視線、整列したときの頭などをそろえます、とあり、最後に「気をつけの姿勢のときに手足をそろえます。（指先をズボンの縫い目、足先はこぶし一個分空ける）」と書いてあった。

この「心や頭をそろえる」という言葉自体に大きな違和感があるが、このことを載せた記事には、ほかにも小学四年生での給食タイムは一五分で、黙って食べなくてはいけない、休み時間の最初に次の授業の準備、授業開始の三分前に座る、などが決められているとの話もでていた。

いま、学校は子どもたちに本気でこのようなことを指導しているのだろうか？　本気でこれが教育にとって重要なことだと思っているのだろうか？　冒頭の中学生のように、子どもは、学校が自分たちの話を聞いてくれると思えていない。おとなが求めているのはまっすぐ並んだりすることであって、自分たちがなにを感じ、どのように悩んでいるのかには関心がないのだ、と思ったときの子どもの絶望に対して、私たちおとなはどのように責任を取るのか。深く考え、そして子どもの信頼を取り戻すために、おとな同士、つながらなくてはならない。

やっとつかんだ心地よい眠り

ふたりで紅茶を

保育園の四歳児クラスのちひろちゃんは、朝九時をだいぶまわった頃、寝起きの顔でホイップクリームの入った甘いパンを手に握って登園してくる。朝はたいていご機嫌ななめだ。深夜まで仕事をしているお母さんは、朝なかなか起きられない。

そのときどきで、受け入れた先生が、事務室の園長先生のところに「ちひろちゃん、朝ごはんなの、お願いしまーす」と連れてくる。「きょうはなんのお茶にしようか」などと言いながら、職員の休憩室で、園長先生はお茶を入れ、ちひろちゃんがその甘いパンを食べるのにつきあう。この頃は、「あれでいいね」とふたりで言いながら、あったかい紅茶を入れていっしょに飲む。寒くて冷たかったからだが温まっていく。

園長先生が、「このあいだ、とっても楽しいことがあったの」と教えてくれたのは、この朝のティータイムでの話である。

いつものように紅茶を入れていると、ちひろちゃんが、いつもと同じホイップクリームのパンを見せながら、「このパンを食べて紅茶を飲むと、ちひろは太陽になるのね」と話しかけてきた。そこで、園長先生が両肩をちぢめて自分の両腕で抱くようにしながら、「ああ、きょうは寒い！　なんて寒いの！　おひさまでてこないかしら」と言った。そうすると、ちひろちゃんはパンをひとくち食べ、温かい紅茶を飲んで、「太陽ー！」と変身。「まあうれしい！　あったかーい！」とちひろちゃんをギュッと抱きしめると、とろけそうな笑顔になるちひろちゃん。クリームのついたパンを先生にかじらせてくれたり……。

こんなことを繰り返して、ひとしきり楽しんでから、「クラスの仲間はなにしているかな？」と、園長先生はちひろちゃんを連れてクラスのようすを見に行った。

クラスの先生がちひろちゃんをあそびにさそってくれ、友だちも「ちひろ、ここに来いよ」と呼んであそびに入れてくれて、うれしい気持ちで一日のスタートを切ったちひろちゃんだった。

「こんな朝のスタートがあってもいいですよね」とその園長先生はにこにこ顔で言う。

ちひろちゃんの家は、お母さんがひとりでちひろちゃんを育てている。正規の職につけず昼も夜も働いても食べていけないような状況で、お母さんはちひろちゃんのことを大切にし、ほんとうにいっしょうけんめいやっているけれど、ちひろちゃんはもっともっと甘えていたくて、お母さんを困らせたり、保育園で友だちとトラブルをおこしたりという毎日である。

そのなかで、朝のふたりだけのお茶の時間の心地よさは、どんなに彼女を安心させたことだろう。その気持ちが、ちひろちゃんを「太陽」にしたのだと思う。

保育園という場でともに暮らす子どもとおとなが気持ちを通いあわせ、なんか幸せだなあって感じられるひとときをつくりだしていることを目の当たりにして、いま、自分のいるところでできることをさがしながらこつこつと努力している保育園の先生たちに、あらためて頭の下がる思いだった。

やっとつかんだ心地よい眠り

保育園で毎日ぜったい昼寝をしない子がいた。四歳のとき、ほかの園から転園してきたGちゃんである。よくあることであるが、すでに仲間がつくられているなかに入ってくるのはたいへんだったようで、仲間外れになることもあり、居場所のできないあいだ、Gちゃんは担任の先生にくっついていた。そのポジションも、競争率が高かったが、新入園でもあって担任の先生も気を配り、先生といっしょだと友だちとあそぶこともできた。次第に園に慣れていったのだが、昼寝だけはぜったいにしなかった。

はじめは寝かせてもらうのだが、寝ないので、誰もいないホールのすみの絵本のコーナーで先生に本を読んでもらったり、先生といっしょになにか作り物をしたり（Gちゃんは製作が好きだった）して過ごしていた。初めの時間帯ではたいていい非常勤の先生がつきあい、後半は大好きな担任の先生が一対一でかかわった。そして、とうとう一年間一回も保育園では寝ないで過ごしたのだ。

ほんとうに寝ないでよいのか、Gちゃんだけずるいとならないのか、といった「心配」もだされたし、先生も寝かせようとも努力はしたけれど、でも、Gちゃんの強い意志表示を受け入れようとする空気もあった。担任の先生の休憩が減ってしまったり、職員配置の苦労もありつつ、担任としてはこの時間にGちゃんとつきあおうと決めてがんばっていたようで、Gちゃんはこの時間、おとなとときにはやはり寝ないというほかの子も交えてのんびりした時間を過ごした。

ところが年長になってからの一〇月、運動会が近くなってきた頃、Gちゃんがついうとうとと寝てしまう「事件」が起きた。そのころGちゃんは苦手な縄跳びに自分から挑戦して、全身でどたんどたんと飛ぶのでよほど疲れていたのかもしれないとそのときついていた非常勤の先生は言う。

その後まもなく、こんどはGちゃんが、その先生にお昼寝のときトントンして、と予約を打診してきたのである。先生はびっくりしたが、もちろんトントンしに行き、即興で作った竹馬のうた（?）を唄いながら全身をゆっくりさすってあげたら、気持ちよさそうに眠った。二〇分で起きてしまったというが、初めて自分から寝ようとして、しかも心地よく寝られた画期的なできごとであった。

そして、その日も同じ先生にトントンしてというリクエストがあり、脇に行ったら、竹馬のうた唄って、との要望もあり、前日と同じようにゆったりと唄いながら全身をさすってもらって眠り、こんどは三〇分眠れたそうである。このニュースは園内をかけめぐり、転園してきてから一年半決して眠らなかったGちゃんがとうとう眠る人になったということでみんな喜んだ（四日目、その先生が不在で、別の先生がはりきって寝かせたのだが、即興のうたが違ったからなのか、その日は寝なかったそうである）。

園長先生が、ある日のお迎えのときにGちゃんのお母さんが「もたもたすんな！」「置いていくよっ！」といらいらしてGちゃんに大声で叫んでいたことをみんなに話した。そして、そのときGちゃんが「お母さん、大好き」と言ったのだそうだ。とくにお母さんの反応はなく、そのまま親子は帰って行ったそうだが、聞いていた先生たちはしーんとしてしまった。Gちゃんはお母さんに見捨てられまいと必死だったのではないか、そうした日々を五年間生きてきたGちゃんは、心から安心しておとなにすべてをゆだねる心地よさを知らなかったかもしれない。この保育園でやっと見つけた安心で心地よいGちゃんの眠りを大事にしていこう、ときっとみんな思ったに違いない。

待機児のお母さんがたしかにここにいます！

ある保育の集会に参加した。一〇〇人くらいの規模の会だったが、そこで、大むかしの卒業生にも出会い、つい昨年の卒業生にも出会い、おまけに子どもが保育園のとき同じクラスだったお母さんで保育士さんをしているなつかしい人とまで出会って、なんだかいい日だなとうれしかった。

会が終わりに近づいた頃、かけつけてきた若いお母さんが発言した。この間テレビや新聞などでも報道されている「保育園ふやし隊@杉並」の活動をしているお母さんだった。

元気よく、早口で話してくれるその内容に、聞いていた私たちは知っていたはずなのに初めて聞いた、というような気持ちになった。静かだった会場が、共感と驚きで熱くなっていくのがわかった。そのお母さんはこのように話しだした。

「自分の住む地域がなかなか保育園に入れない待機児が多いところだということはわかっていたつもりでした。でも、まわりからもいろいろ言われて、妊娠三か月から保育園まわりをはじめました。こどもが豆粒みたいに小さいときから保育園探しをしなくてはいけないのかと思いながら、まわりはじめたのですが、切迫流産の危険があるということで入院になってしまいました。入院中も、こんな、病院で寝ている場合じゃない、保育園を探さなければ、とあせりました。幸い二週間で退院できたので、夫とも協力して一五の保育園をまわりました」

ここで、会場がざわっとした。彼女はすぐに「三〇か所まわったという人もいて、みんなそのようなことをしてきています」と言った。

そして、さらに私たちを驚かせたのは、同じ境遇のお母さんたちがなかなか具体的なことを話せなかった、という話だった。

「だって、みんなライバルなんです。だから、自分がどこまでなにをしているか、どこの保育園はこうだった、みたいな詳しい情報交換はできない微妙な空気があって、同じ悩みなのに共有できない、という状況でした」

私は報道などでこのお母さんたちの活動を知り、同じ悩みの若いお母さんたちだから結びついたのだろうと勝手に思っていたので、それを聞いてそのことの当事者たちの切実さと困難をあらためて知った。

それでも、杉並区内で一八〇〇人もの子どもが認可保育所に入れないという事実をなんとかしてくださいと役所に訴えていこうという呼びかけに、初めて同じ立場で共同できることを見いだし、予想していた以上にたくさんの親たちが集まり、パワーが爆発的に束ねられていった。入所の第一次審査で「落ちた」人たちの「異議申し立て」という形で行動に移そうという方向がだせた。そして、実際、異議申立書を区役所に持っていき、保育所を増やしてほしいことを訴えた。さらに、そうしたことについて考えあう会を開くなど、ほんとうにがんばっている。これは、待機児の多い都市部に飛び火し、さらにそれぞれの地域のお母さん、お父さんたちの共同を生みだしている。

話したいことがもっともっとあるのだ、わかってほしいことが山のようにあるのだ、といっしょうけんめい話す若いお母さんに、応援の拍手がひときわ大きくなった。

直接出会って話を聞くことが、そして自分がそこで顔をあわせて聞きながら自分はどう考えるのか、なにをするのかを問われることが、ものごとを少しでも「わかる」ということなのだ、と知らされた気がする。

保護者の不安に気づく

地方都市の保育園に行った折に聞いた話である。その園は、一時保育の枠を一〇人ほどにしている。一時保育にはじめて登園してきた朝、まったく泣くこともなくあそびはじめた子がいた。しかし、週に一回ほど来るようになり、慣れたかな、と思っていたころ、登園時にお母さんから離れず大泣きするようになった。登園するたびに泣かれて、お母さんは困っているようすだった。

ある日、その親子が登園してきたときに、先に来ていた三人の子どもたちがけんかをはじめた。いつも来ている顔見知りで、慣れたけんか友だちといったところだが、二歳児同士なので放ってもおけず、担任の先生は対応に追われていた。そのとき、先生はひとりだけで、いつものように泣いて抱っこされているその子を抱き取ってあげなくては、とは思ったのだけれど、手が離せなかったと担任の先生は言う。

するとお母さんは、「なんだかきょうはたいへんそうなので、預けるのはやめます！」と言って、その子を抱いたまま、帰ってしまった。事務室の前を急ぎ足で通り過ぎるお母さんを見て、園長先生がでてきて声をかけたが、「きょうは帰ります！」と立ち止まらず、ふり返りもしないで、でていってしまった。

「なにかあったの？」園長先生は、一時保育の部屋に行って聞いた。担任の先生は、なかば呆然《ぼうぜん》としながら、登園後すぐに抱き取れなかったことを話した。きょうはたいへんそう、と言われたが、その日はけんかしていた三人しか来ていなかったので、ちっともたいへんではなかったのだけれど……、と担任の先生はなんだかがっかりしていた。

その後半月ほど、そのおうちからはなんの連絡もなかったので、担任の先生と話しあって、園長先生が電話をしてみた。すると、お母さんは、「うちの子はいつまでも泣いて親から離れないので、預かってもらえないのだと思った」と話したので、「そんなことはないですよ、みんなよく別れるのをいやがって泣いていますよ」と園長先生が言うと、「実は、たまたま近所の医者にかかったとき、この子は少し遅れているんじゃないか、と言われたんです。遅れているから、預かってもらえないのかと思ったんです」とお母さんが涙声で言ったのだという。

園長先生はびっくりして、「そんなこと知らなかったし、もし、そうであってもうちは預からないということはありません。ほかにも、そう医者に言われているお子さんも来ていますよ。あの日、すぐに受け入れができなかったようで不安だったでしょう？ごめんなさいね。ぜひ、また申し込んで預けてください。待ってます」といっしょうけんめい話した。

まもなく、そのお母さんから申し込みがあった。こんどは担任の先生も主任や園長先生も気をつけて、抱っこで受け入れるようにした。その子は前ほど泣かなくなり、保育園生活を楽しんでいるようすが見られるようになった。一時保育を申し込んでくる家庭は、お迎えがわりとはやく、担任が保護者に会って話せるケースが多い。このお母さんにも、その子が園で楽しく過ごしていたようすをできるだけくわしく話すように担任の先生は心がけた。

最近はお母さんもずいぶん落ち着いて、担任の先生とも園長先生とも笑顔で話すことが多くなり、もし、ほんとうに遅れがあったら、おじいちゃん、おばあちゃんに責任を問われてしまう、と心配していることなども話してくれるようになった。やっと、保育園は自分を受け入れてくれる、支えようとしてくれている、と思えるようになったようである。

どんなことからも、そこに込められたＳＯＳを感じとり、逃げずに受け止めていくことが、子育てを支えるということなのだとあらためて思う。

そうして親になっていく

乳児クラスの先生たちの勉強会で、親にどうしたらいろいろなことをわかってもらえるか、という悩みがたくさんでた。

なにしろ、はじめての子育てではじめての保育園だから、気にしない人もいるけれど、ひとつひとつ、こまかく気にする人もいる。

服や持ち物に名前を書く理由をくわしく伝えないと書いてくれない。何時に寝たのか、朝、ミルクをどのくらい何時に飲んできたのか、家でうんちはでたのか……など毎日教えてほしいのだけれど、その情報が、昼間の保育に必要なことなのだということをわかってもらうのがたいへん。そんな悩みがたくさんでた。これから保育園といっしょに子育てしていく、ということの実際がつかめていない親たちには、こうしたことが負担だったり、なにか調べられているようでいい気持ちがしなかったりもするのだろう。

最近は、携帯電話で連絡が取れるから、と職場の電話をきちんと知らせない人も増えているようである。子どもの急な発熱で、携帯電話がつながらず、職場に連絡したら、その日は出勤していなくて、あとで親に怒られてしまった、という話もでた。ちょっと前だったら、そのようなとき注意されるのは親のほうだったと思うが、状況はいろいろ変化していく。

また、母親と父親との不一致な部分がそのままでてくることもある。お父さんは子どもにアトピーの薬を塗ってほしいと言い、お母さんは塗らないでほしいと言う。まず、親が話しあってくれないと困ってしまうと若い先生が言っていた。

ある例では、自分が育児をすべてやっていて、父親がなにもしてくれない、と母親がいつもこぼしていた。あるとき、父親が迎えに来て、夜までひとりで子どもの世話をしなくてはならないことになった。園としても心配して、助け舟をどうだそうか相談していたところ、お母さんから聞いていたのとは違って、おむつもじょうずに替えるし、赤ちゃんとのかかわりも慣れていてびっくりしたということもある。

さらに、もっといろいろ教えてほしいという要望も多く、保育園では困っている。とくに、英語とか習字、体操などをプログラムに組んでいる保育園や幼稚園の話を聞くと、親はあせるようで、そうしたことをやってもらえないだろうかと言ってきたりする。

保育園との関係だけでなく、親と子のあいだで繰り広げられていることについて、心配になることもたくさんあるようだ。

ゼロ歳児をお迎えにきたお母さんは、いつも「疲れた〜」と言いながら園に帰ってくるのだが、イヤになった、という感じで、子どもに向かって「毎日毎日夜泣きするのもいいかげんにして！　あんたは昼寝できるからいいけど！」と言うのを聞いて、おどろいたという。わが子の夜泣きに一年間つきあった筆者としては、なんだか気持ちがわかって納得してしまったが、毎日言われる子どももたいへんだ。

三歳児くらいになると、支度などが遅いわが子にイライラして、「きょうはさっさと行動することを約束させました」と報告してくれるお母さんもいる。さらに、お正月明けに四歳児の女の子のお母さんが、「今年の目標は、『ちゃんと返事をする』と決めました」と言ったという。その子はお母さんの言うことを聞かなかったりしては、よく怒られている。

もうちょっとやさしくしてあげて！　と保育者は思ってしまいがちだが、貧困や格差など理不尽なことの多い世のなかを、子育てしながらずうっとこれからの人生を生きていくのは、不安でしんどいのではないだろうか。先が見えず、その重さに途方に暮れているかもしれない親たちに、たいへんだけど、こんなに自分を慕い、愛されたがっている幼い存在が、自分の元気の源にもなり、かけがえのない存在であることを、どの親にも感じてもらうために保育園にできることはまだある。それを見つけていくことが、ともに育てる第一歩なのだと思う。

きょうだいを育てる悩み

子育て中の母親の集まりに呼ばれて参加した。

いま、子育てで悩んでいることなどなんでも聞かせてほしい、とお願いしたら、一番に手を挙げた方が、「上の子がかわいく思えないことに悩んでいます」といきなり話しはじめた。お子さんは四歳と二歳の女の子で、上の子がいろいろ言うとついイライラすることが多いという。そして、下の子が「ママ、大好き！」と抱きついてくると、かわいくて自然に「ママもあなたが大好き！」と抱きしめるのに、上の子が同じように「ママ、大好き！」と抱きついてきたとき、うなずくのが精いっぱいで、自分からどうしても大好き、と言えないのだそうだ。そして、こんな母親のところに生まれてきた上の子がかわいそうで……と言って涙ぐんだ。

「夫も忙しい仕事の合間を縫って子どもたちとかかわってくれているのに、もっとたいへんで、夫の理解もあまりない人だってたくさんいるのに、私はどうして上の子のことがこんなに受け入れられないのか、情けない……」涙はさらにあふれてくる。

聞いていたほかのお母さんたちが、「下の子が生まれると、それまでこんなに小さくてかわいい、と思っていた上の子が急に大きく見えてしまって、そんなに大きいのに抱っことか言わないでほしい、と思うのって、ふつうだと思う」「私もそうだった。そんなに深刻に考えないほうがいいのでは。がんばりすぎて疲れたんじゃないかしら。つらい気持ちはどんどんまわりの人に話して助けてって言えばいいと思う」「申し訳ないとばかり思われては、かえって上のお子さんの気持ちが心配。多少、そんなこともあるよ、みんな個性があるし、相性もあるだろうし……」と次々に発言した。なんとかその人の気持ちに寄り添いながら、その苦しさを分かちあおうという空気がその場に流れていた。

下の子といっしょに参加していたそのお母さんは、途中で幼稚園のお迎えがきょうは早いので、と席を立ち、「みなさん、ごめんなさい。励ましてくれてありがとうございます」と言って帰って行った。

そのあと、ほかの人たちも、「上の子にどうしてもがまんさせてしまう。ときには下の子を預けて上の子とふたりででかけたりはしているけれど、きっとママはいつも弟の味方だと思っているのではないかと心配」「兄と妹が二つ違いなのだけれど、最近、お兄ちゃんがまだ文字がよく読めないのに妹のほうが読めるようになってきて、兄妹の関係が心配」と、なぜかきょうだい関係の心配がたくさんでてきた。きょうだいの子育てでこんなに悩んでいるとは知らなかった。さらに、お母さんたちが、わが子を平等に愛さなくてはならない、そこでうまくきょうだいの関係を育てられなかったら母親である自分のせいだと強く思っているように感じた。

仲のよいきょうだいに育つように気を遣うことが要求されつづけてきたと言ってよいだろう。どこがとは言えないが、この、「ねばならない」ということにはたいへん違和感がある。

筆者の小さい頃の姉妹の記憶は、「お姉ちゃんは大きいほうとってずるーい」というけんかの日々だった。三歳も齢が上の子が下の子とお菓子が同じ大きさであることは平等なのか、疑問だ。しかし、同じ権利があると思い込んでいた妹(筆者)はなんでも同じでないと騒ぐ。母は毎日このにぎやかなけんかをどう仲裁していたのだろう? 介入された記憶はない。

きょうだいは親を取りあうライバルにもなり、けんかもいっぱいする。でも、外に向かってはある種の連帯感をもって下は上を頼り、上は下を守ろうとする。基本、愛されていれば、きょうだいの順番は変えられないし、そんなものだといったら乱暴だろうか。

あるべき子育て論で母親たちの責任感を揺さぶり、追い詰めるのはやめにしたい。これ以上、自分を責めないでのんびりと子どもとの日々を楽しめる特効薬はないものだろうか。

子どもには育つ力がもともとあるのだから。

保護者と保育者がわかりあうには

　ある学習会で、ゼロ歳児クラスをはじめて担任した若い保育士さんが、保護者に対して「もう少し子どものことを考慮してほしいのに……」と思っては、でもお母さんもたいへんなんだよな、と思い直し、先輩の先生たちの接し方をみて反省していると話してくれた。その先生が、親にわかってもらおう、と悩みつつがんばってきたのは次のような事例だった。

　先月、一歳四か月の子が下痢をし、便に血が混じっていた。先生はすぐお医者さんに行ってくださいとお母さんにお願いした。受診の結果、子どもが元気で食欲もあったため、お医者さんは、そんなに心配はないでしょうとおっしゃったそうだ。

　しかし、薬を飲んでも下痢はよくならなかった。再度受診をお願いしたが、忙しいし、子どもは元気で食欲もあるし……といって、お母さんはなかなか医者に行かない。

その子はたしかに食欲はあったが機嫌は悪く泣いてばかりいて、保育者もどうしたらよいかわからなかったという。そして、無理して行ってもらったお医者さんに、こんどこうしたことがおこったら、アレルギーかもしれないと言われたそうである。二週間くらいしてようやく下痢は治ったが、そのころには体調の話をするとお母さんの顔色がさっと変わり、その話題を無視するようになって、このごろは避けられている気もすると、その先生はしょんぼりしていた。

聞いていた人たちからはいろんな意見がでた。大きな病気が隠れていたらたいへんだから、保育士として言わなくてはいけないことは言うべきだといった意見や、同じような事例でお母さんに拒絶されたことがあるという話もでた。どちらかというと、「子どもの体調が悪いときくらいはねえ、親なんだから」といったトーンの意見が強いように感じた。

そのとき、そのクラスのもうひとりの担任であるベテラン保育士が、お医者さんに感染症ではないと言われたことや、元気と食欲はほんとうにあったこと、そのお母さんはお父さんの協力がまったく得られない状態で子育てをしていることなどを補足してくれた。別の先生が、自分の子どもが乳児のとき、具合が悪くなると、かわいそうだと思うけど体制がきついので急には休めないしほんとうに困った、だから両方の気持ちがよくわかって、どうしてよいか言えないと話した。また、男性の先生が、病気の連絡があってわが子を迎えに行くと「こんなときはオヤジががんばるしかないよね」と言われ、なぜかその言葉がつらかったと話した。空気はお母さん、お父さんをなるべく傷つけないように、と変わっていった。二年目の先生からは、親に不快な思いをさせてはいないかといつも不安だという声がでた。

ほんとうは、子どもの具合が悪いとき、気がねせずに休めるような体制がどの職場にも整備されていて、さらに、自分の園のなかに看護職を含めた人員配置や場所を保障された病児保育もつくられている、などの条件が充実していれば、この悩みはずっと減るにちがいない。

働きながら子どもを育てる人たちとその子どもたちを、本気で大切にしようとすれば施策としてやれることはたくさんあるのだ。そのことをおたがいに確認できる学びと、信頼関係ができにくい原因は自分たちにあるのではないと自覚して、要求をしながらも、目の前で育っている子どもたちに、そこにいるおとなたちはなにができるかを精いっぱい考えあい、知恵を集めるしかないと思う。

入園したばかりの乳児の親たちと、六年かけてそうした仲間になっていくと腹をすえて、若い人もびくびくせずに話してみたらいい。いけないと思ったら率直にあやまればいい。ちゃんと悩んでくれる保育士さんを思わず応援したくなった学習会だった。

打たれ弱い？

打たれ弱い？

「あの子たち、ほんとうによく顔をよんでますね」

今年新人で二歳児担当になった人と久しぶりに話をした。

ごはんのとき、好きなものはたくさん食べたいけれど嫌いなものはもちろん食べたくない。でも、担任ふたりで話して、嫌いなものでも少しは食べなければおかわりはだめ、とかはしていない。おいしいものをたくさん食べておなかいっぱいになる幸せをいまは大事にしようと思ったからだという。

昼寝のとき、寝たくない子がかならずいる。「どうする？　寝る？」と聞くと首を横にふる。「じゃあ、そこでさわぐと寝ているお友だちが起きちゃうから、あっちで本読もうか」と言うとうなずいて、うれしそうに本を選びはじめる。庭にはでないように気をつけている。ひとりがでたら、それを見つけた子が次々でて行って昼寝どころではなくなるのが目に見えているからだという。抱っこで本を読んでもらって気がすんだら、「トントンして」とふとんにもどる子もいる。そしてトントンするとあっというまに寝てしまったりする。なぁんだ、ほんとうは眠かったのかもね、と担任同士笑いあう。

昼寝から起きてトイレに誘うと、行かない、とがんばる子が何人もいるという。でも「お兄さんパンツ」「お姉さんパンツ」（ふつうの布のパンツ）がはきたくて、自分からはき替え、おやつを食べているときにおもらしをする。「そうしたら替えてあげればよいので」と、なにがなんでもトイレに行かなくてはおやつは食べられない、などと二歳児と張りあったりしない、とこの新人さんは言う。

あるとき、お昼ごはんの前に、ひとりの子がテーブルの上にのってうれしそうにしていた。みるみる真似をする子が増えた。危ないし、ご飯を食べるところだから、これは放っておくわけにはいかない。なんどかそのことを子どもたちに話し、まだやめないとそろそろ先生は怒りますよ、と警告する。みんなに向かって言っているうちは耳にはいらないようだが、ひとりひとり、肩をぽんとたたいて話していったら、ひとり降り、ふたり降り、とうとうひとりだけになった。その子は降りない。その子を抱いて下に降ろし、つかまえたまま、真顔で「先生、危ないし、ご飯を食べるところだから降りようって何度もお話ししたよね」としっかり話したら、その子はびっくりしたようにビャーッと泣いた。「わかった？」に泣きじゃくりながらうなずいて、「抱っこして」となり、抱っこしてあげた。

「ふだん怒らないから、怒るとびっくりしてしまうんですね。うちの二歳児たちは打たれ弱いかもしれません」

ところが、それがときどき、同僚がお休みのときや早番のとき、代わりに入った別の先生が子どもを叱りはじめると、子どもたちの姿がまったく違ってしまうのだという。顔色をよんで言うことを聞くようになるのかと思ったら、このクラスの場合は反対で、子どもも頑固になり、どんどん騒ぎが大きくなっていくのだそうだ。でも、あるとき、あまりにも手いっぱいで、余裕がなく、お願いだからいまはさわがずに着替えをしてちょうだい、と子どもたちに頼んだら、「わかった」という感じでみんなさっさと着替えてくれたことがあったそうだ。

打たれ強いという処世術でなく、気持ちをわかりあえる子どもたちとの関係を四か月で築いてしまい、毎日この子たちがおもしろくて！と担任同士で言いあえる保育ができている新人に、脱帽！

みんなでこだわる

　学校でも保育園や幼稚園でも、卒業式、卒園式の日に、門の前に大きな立て看板をだすところが多い。たいていは白い紙を貼ったうえに、毛筆で大きく文字が書かれ、その横で写真を撮る卒園児親子がたくさんいるのもよくある光景だ。

　A保育園では、いつも卒園式の日にその立て看板をだしていなかった。ある年、卒園する年長クラスの保護者から、この園は門に立て看板がないけれど、ぜひその横で記念写真を撮りたい、ついては、先生たちも忙しくてたいへんだろうから、保護者で立て看板を作って園にプレゼントしたらどうか、という意見がだされたのだそうだ。反対もなく、保護者の代表が、園に言ってきた。主任の先生は、うちはそういえば以前からそういうものは見たことがないと思い、園長先生に聞いてみた。園長先生は前の園長先生に聞いてみた。姉妹園の元園長先生にまで話はまわり、以前、その保育園の創立当時の話を初代の園長先生から聞いた話にたどり着いた。そうしたら、創立当時、卒園式といったものは、学校ではたいへん形式的で堅苦しいものになっているところが圧倒的に多いが、この保育園の卒園式はそういうものにはしたくない、手作りで、心がこもっていることがみんなに感じられるようにしたい、ということからきていることが判明した。

あの、真っ白い紙に縦に墨で立派に書かれた「○○年度△△保育園卒園式」といった立て看板は、たしかになにか厳粛な式典、といった雰囲気がある。

やっぱり立て看板がないことには理由があったのね、とわかってからがたいへんだったのだという。それを伝えて、だからうちはやりません、と断固として言うには、すでに保護者のほうが乗り気になってしまっている。でも、理由を突き止めてしまった以上、どうでもいいじゃないか、というわけにもいかない。保育園としては困って、職員で話しあい、臨時の保護者会を各年齢クラスごとに開いて話し合いをしたのだそうだ。

すると、保護者からは、門のところに立てる立て看板は、誰にむかってアピールしているの？　ホールの壁面には壁いっぱい、手作りできれいな卒園おめでとうのすてきな飾りがあるのだから、園の関係者にはそれで十分なのでは？　記念写真もそこでみんないつも撮っているし……。あってもよいのでは、という人もいたのだろうが、なかったものをわざわざ作るほどの熱心な推進意見は、ほかのクラスではでなかったのである。卒園児のクラスも、園がそこにこだわってきたのなら、無理にやらなくてもよいのではないか、ということになった。すごい対立みたいになったらどうしようと内心ドキドキしていた保育園としては、年長クラスの「おとな対応」にホッとして、感謝だったそうである。そして、ホールの飾りに○○年度をつけ加えた。

立て看板についてじっくり考えたこともなかった筆者は、この話を聞いたあと、何人かの人に聞いてみた。昨年まではあったけれど、今年はイーゼルを立てて、おしゃれなカフェのようにかわいく描くようにした、という園があったので、なぜ変えたの？ といきごんで聞いたら、いつも立て看板に毛筆でみごとな文字を書いてくださっていた方が、今年は体調をくずして書けないので変えた、ということで、その意味についての議論ではなかった。

別の園で、「卒園式」という呼び方はどうなの？ と考え、子どもたちとすてきな名前をいっしょに考えだしたところもある。「卒園を祝う会」となっているところもある。

そんなこと、いちいち考えているヒマはない、内実が大事、と考える方もいると思うが、誰かが、あれ？ これはどうなの？ とひっかかったとき、そのこだわりの中身を考え、みんなで吟味していくことそのものが、「いまいる私たちでつくりだしていく」という大切な作業だと思う。ドキドキあわてながらも、それをまっとうしたA保育園に敬意を表したい。

職場の風通し

ある保育園での話である。その園ではゼロ歳児ひとりひとりに担当の保育者を決めていて、基本的に最低基準と同じ、ひとりの保育士が三人ずつを担当していた。ゼロ歳児クラスのAちゃんはB先生の担当である。その日のお昼ごはんのとき、B先生は午後からの出勤だったので、Aちゃんは F 先生の担当の同月齢の子と食べることにしてあった。

ところが、F先生に手をひかれてその子の席に行く途中で、AちゃんはG先生と食べたい、とG先生のところの空いている椅子を指さした。まだ、ことばがでていない一歳前半である。

G先生は自分の担当の子どもたちにごはんを食べさせはじめていたところで、一瞬躊躇《ちゅうちょ》したのだという。そして、Aちゃんのその訴えになんと応えようかと思っているうちにF先生はそのまま連れていって予定の席に座らせた。Aちゃんは泣きだした。

G先生はAちゃんの気持ちに対しておとながなにも応えなくてよいのか、すごく迷ったそうである。自分の担当の子どもたちの食事の仕方を工夫すればAちゃんを受け入れられるかも、と頭のなかでぐるぐる考えて、やれそう、と思ったのだが、自分より何年も先輩のF先生がなにも言わずにAちゃんをそのまま連れていったことで、なんとなく言いだしにくく、そのままになってしまったのだという。

一方で、いつも自分の思い通りになると思わせたらわがままになってしまうのではないか、また、午後になれば、Aちゃんの担当のB先生も来ることだから、いま、自分の思いが通らなくてもまぁ仕方ないか、という思いもあった。G先生としては、やはりせっかく子どもがだした要求を大事にすべきと思うが、先輩はわがままと思うのではないか、などいろいろ考えてしまってなにも言えなかったのだそうである。

Aちゃんは、いつもあまり食べない子だそうだが、その日は大泣きになってほとんどごはんを食べずに寝てしまった。

G先生はそのときのことがずっと自分の心のなかでひっかかっていたのだという。そして、意を決して自分の気持ちも含めてそのことを資料に書き、まずゼロ歳児クラスの保育士の話し合いにだした。似たようなことはどの子のことでもいろいろあり、F先生もB先生も交えて話し合いができたという。

Aちゃんは、おとなを見て自己主張を激しくだしたり違う態度をとったりすることもあり、なんとなくそれまでクラスのなかで、Aちゃんはわがままかな、と思うような空気も正直あったかと思う、とG先生は話してくれた。そして、話しあうなかで、これからAちゃんにかぎらず、もっともっと自己主張が強くなっていく時期に、わがまま、と言ってしまわずに、きちんと子どもの思いを聞き、向きあっていくことで、子どもはおとなにちゃんと意思表示ができるようになっていくのではないか、可能なかぎり子どもに気持ちよく過ごしてもらうことが大切ではないか、ということが話しあえたという。そして、これは全体の職員会議でも取り上げてもらって話しあうことができた。

筆者は全体の職員での話し合いの場に参加させていただいていたが、クラスの保育士たちの人間関係についての思い（ちょっと言うのを躊躇してしまった、など）も含めて、子どもの気持ちに応えなかった自分の保育について、正直に、まっすぐに話していく若手中堅の保育士と、それに子どものこと、保育のこととして応えていこうと積極的に話し合いをする職員集団の誠実さに頭が下がる思いだった。いま、この職場の風通しのよさは、必ず子どもたちにも保育士たちにも幸せをもたらすと信じる。

保育園の四月

「先輩たちを見ていると、自分はなにもできないし、存在する意味がないのではないかと思ってしまいます」。ある保育園の新人さんが話してくれた悩みだ。保育士資格を学校でとり、この三月に卒業して四月にはじめて保育園に就職した本物（!?）の新人保育士である。

彼女は、ゼロ歳児クラスに先輩ふたりとともに配属になった。今年は、久々に産休明けの乳児が入ってきていた。その新人さんは、こんな小さな赤ちゃんをごく近くで見たこともないし触ったこともなく、自分が触って大丈夫なのか、ひやひやしながらの出発だったようである。先輩のなかにも、首のすわらないゼロ歳児の保育ははじめての人もいたのだが、彼女からみると、先輩たちはなんでもわかっているようにみえたのだろう。

いちばん小さい産休明け（二か月）の子は、母乳を飲んでいて、哺乳瓶を受けつけない。なんとかスプーンでひと匙《さじ》ひと匙飲ませて、長い時間かかってやっと五〇cc飲んだ、など涙ぐましい努力がつづいている。そのため、昼休みにお母さんが車で毎日母乳を飲ませに来ていた。先生たちは、お母さんは産後で職場復帰してまもないため、きっとすごく疲れているのに、毎日昼休みをつぶしておっぱいを飲ませに来てくれるのを申し訳ないと思っていた。その必死な気持ちが伝わってしまうのか、その子は哺乳瓶であげようとするたびに泣いてしまう。家での授乳の姿勢を想像し、抱っこする姿勢の角度までいろいろ考えてみたのだが、どうやってもうまくいかない。

同じクラスの先輩も、その場にいた園長先生も、就職して二か月しかたっていないし、まして、こんな小さいゼロ歳児の保育は新人でなくてもおろおろするのだから、そんなふうに思わないで、といっしょうけんめい言っている。なにがなんだかわからず、とにかく無我夢中で毎日過ごしていたのが、ちょっと一息つくことができるようになり、まわりや自分が見えてきたということなのかもしれない。

別の園の新人さんは、わからないことが多すぎて聞くこともできず、まごまごしては、次は〇〇してちょうだい、と言われる。〇〇がなんなのかわからないと、一度聞いたことと同じことは二度聞かないで！　ちゃんと覚えてほしい、と何度も言われているそうだ。「そう言われていやになっちゃった？」と聞くと、「でも、自分がなかなか覚えられないのがいけないんです」という答えが返ってきた。

保育園の四月は、ほんとうに猫の手も借りたいほど忙しい。新人もたいへんだが、ベテランはそのフォローも含めて毎日大奮闘だと思う。そんななかでこんなに気を遣って仕事を教えているのに、そのことが伝わっていないような気がすると、よけいにきちんと伝えようとして必死になってしまう。それを感じて新人は、自分はだめなのだ、と思ってしまうのかもしれない。

子どもたちがはやく落ち着く道は、新人さんもそうでない職員も、子どもたちって不思議、おもしろい、と思え、それを新しいパートナー同士で共有できるかもしれない、と思えるようになることなのではないかと思う。

ミルクを飲まないで悪戦苦闘していた赤ちゃんは、この話を担任たちでしていた日、看護師さんが哺乳瓶でミルクを飲ませたところ、いきなり一二〇cc飲んだという。きょうは授乳に来なくても大丈夫、とあわててお母さんに電話して、みんなほっとした笑顔になった。

そして、四〇年以上の大ベテランの先生が、「でも、私たちではだめで、看護師の△△さんじゃないと飲まなかったりして」と笑いながら言って、新人さんも泣き笑いをしていた。そんなこんなを繰り返しながら、子どももおとなも育っていく。

子どもと暮らす、子どもをわかる

勉強会で、楽しい実践報告をしてくれた保育者がいた。ご本人の了解を得て紹介する。

三歳児クラス一八人をこのA先生とパートのB先生のふたりで保育している。その報告には、子どもの姿と保育者と子どものやりとりが書かれている。

「CちゃんとDちゃんはともに同じ保育室から四月に入園。このふたり、なにかにつけて対照的なのです。どんなときにも前向きパワーあふれるCちゃん（たとえばプールに入るとき、準備OK！ときりっとした表情なので〝さすが〜〟とほめたら、よく見るとタオルだけ持ってきて水着をまだ着てなかったり……）。なにかと目立つのでよく叱られることも多いのですが、それでもすぐに立ち直り、ケロッとしていることが多いのです。一方、Dちゃんはといえば、逆の言葉を言うことで気をひこうとするタイプのようで……。『ボクは今日、なんだか全身の具合が悪いんだ』と朝から元気なさそうに言ったりすることがよくあります。どちらかというと『石橋をたたいても渡らない』タイプ。身は軽く、雲梯《うんてい》などもひょいっと上に登ってみたりするのですが、一〜二回やってみてうまくいかないことは『もうやんない』とあきらめちゃいます。でも、そんなCちゃんとDちゃんがEちゃんに関わるときは立場が逆転。Dちゃんの〝しずかなかかわり〟がEちゃんにはここちよいらしいのです。Eちゃんは電車のおもちゃが好きで、友だちが使っていても取っちゃったりします。Dちゃんはそのへんを察していっしょにあそぶので、Eちゃんにとっては〝ここちよい〟友だちであるわけです。Cちゃんは自分の思いが先なので、Eちゃんの使っている汽車を取ろうとしたり、Eちゃんが近づくと『こっちこないで！』というので、Eちゃんもよけいに興奮してしまったりして『こいつめ』的な友だちのようです。もっとも、そういうふうに友だちを見分けられるEちゃんって実はかなり『観察力』があるのかもしれません」。

別の子についてもこんなエピソードを書いている。「この頃、自分を出しはじめてきたのがFちゃん。四月から、どちらかといえば目で訴えたり、『Aせんせー』と言って、〝その先は察して！〟と言わんばかりの表情でした。夏のプールで気持ちが解放されたのか、ストレートな無理難題を持ってくることが増え、うれしい悲鳴をあげています。（中略）広告の紙とはさみ、のりを使ってお財布とお金を作りたかったのですが、うまく自分のイメージ通りに作れなかったときのこと。『Aせんせー、もうおしまいにする』A先生『そう。じゃあさ、お財布とお金、ロッカーにしまってきたら？』Fちゃん『イヤなんだよう！』A先生『じゃあおうちに持って帰れば？』Fちゃん『作らないんだよう！』A先生『もっと作りたいの？』Fちゃん『違うんだよう！』A先生（ここで初めて気づく……）『もういらないの？』Fちゃん『うん』A先生『じゃあっちのゴミ箱にいれておいで』Fちゃん『うん』……とゴミ箱へ」。そして、Fちゃんへの理解が深まる瞬間をとらえ、つづけてこう書いている。

「いま気がつきましたが、Fちゃんはやりたいこと（理想）といまできること（現実）とのギャップに気づいて、そこを保育士に助けてほしいのかもしれません。四月は『アンパンマン描いて』『○○作って』などの要求が多かったFちゃんが、まがりなりにも自分で一生懸命作ったりやろうとしていること。そこに寄り添ってみるべきでした。なんか……反省」。

このどこか肩の力の抜けた語り口に思わず聞いていたみんなは笑ってしまった。同時に二〇年のキャリアを持ちながら、この子はこういう子、保育ってこんなものと決めてしまわず、いっしょに暮らしながら子どもたちをよくみて、新しい発見をしつづけているA先生に感心もした。A先生がこうした日々を楽しみ、子どもをいとおしく感じていることがうかがわれ、ひさしぶりに心が晴れるひとときだった。

保育実習で自分がもっともショックだったこと

卒業生たちと話をしたとき、保育実習のなかで自分にとってとくに衝撃的だったできごとを教えてほしいと言ったら、たくさんのエピソードがでてきた。

ある人は、保育所の実習の話をしてくれた。

四歳児クラスに入っていたとき、男の子から、お昼寝のときにトントンしに来てほしいと言われ、「いいよ」と言ったが、午睡の時間になったら、先生から何人かの子について寝かせて、と言われ、忘れたわけではなかったが、約束した子のところにはなかなか行けないでいた。そのうち、「実習生さんはあがって休憩していいわよ」と言われ、約束した子を見たが、寝てしまっているようだった。保育室をでていこうとして、いちおうふとんのところに行ってみると、ふとんにもぐっていたが、よく見たら、その子はふとんをかぶって泣いていたのだという。その瞬間、彼女は、悪いことをした！と猛烈に反省した。そして、先生にそのことを説明し、その子が眠るまでついていてあげたいと申しでて、その子にあやまった。そのあと、しばらく泣いていたその子につきあい、やさしくトントンしていたら、その子は安心したように眠ったという。

自分は、その子が午睡のときにあらためて呼びに来たり、大声で要求したりしなかったので、さっきの約束はもう忘れてしまったかもしれない、と考えていたという。でも、このことがあって、相手がどんなに小さい子どもでも、約束したら必ず守る、子どもはちゃんと覚えていて、がまんして待っていたりするのだ、ということを心に刻み込んだという。

聞いていたみんなは、そうだよねえ、子どもって侮《あなど》れないよね、と言いあった。

また、ある人は障がい者の施設に行ったとき、はじめはちょっと怖いな、と利用者さんに近寄るのをためらう自分がいたそうだ。しかしそのうち、利用者さんが、たとえば大きな声をだしたりしても、そうした行動にはちゃんと理由があり、そこにはその人の思いがあるのだということがわかっていき、怖くなくなった、というのだ。たとえば、利用者さんといっしょに、近くのコンビニに飲み物を買いに行くと、まわりの客が、避けたり怖そうな視線をむけてくるのを体験し、人々のそうした行動がなさけなかったと同時に、自分もいままではあの人たちと同じだった、と自分をふりかえった発言などもあった。

こうした話し合いがおわったあと、ひとりの卒業生が、つづきのように話しはじめた。その人は、自分は障がい者施設に行って、いまの話と同じように感じたが、ほんとうの衝撃は施設からの帰り道に起こったという。どういうこと？　と聞くと、実習が終わり、二週間ぶりに帰宅する電車のなかで、大声をだしている人に出会ったのだという。いままでの自分だったら無視するか少し遠ざかるかしていたと思うが、そのとき、あの人はなにか困っているのではないだろうか、なにかを訴えているのではないか、と気遣っている自分に気づき、自分はこれまでなんてものを学ばずに生きてきたのだろう、なんてちっぽけで浅はかだったのだろう、とガーンと頭を殴られた感じがして、下宿に帰りついて号泣した、と言った。この人は、実習で自分が変化したことを、このできごとで強く自覚し、それまでの自分を思い返したのだろう。

保育者になるための実習が、資格のためだけでなく、若い人たちのやわらかで率直な心をこんなにもゆさぶり、そうした力をつけて保育者に育っていることに、なんだか自分も襟《えり》を正したい気持ちになった。話してくれた若い人たちに感謝したい。

抱っこしてほしい子どもと出会い直す

ある勉強会で、二歳児クラスの若い担任のB先生から、抱っこを求めてくるAくんのことが話された。ふたり担任で、持ち上がりではないのだが、保育士二年目の自分にだけ毎日何度も抱っこを求めてくる。できるだけ要求に応えようとしているが、ほかの子とあそんでいるときなどは、説明して断ることもある。断られるとAくんは泣いて怒ったり、友だちにちょっかいをだしてトラブルを起こしたりする、という。

また、抱っこしていて降ろそうとすると、嫌がって泣いたりするので、ずうっと抱っこしながら、なんとかあそびに気持ちを向けられないか、など、はやく降ろすことを考えるがうまくいかない。しまいには、子どもの気持ちを切り替えるような保育ができない自分は力不足だと思ってしまうと話してくれた。聞いていた先生たちから、よくわかる、自分もそんなふうに悩んでいる、と共感する感想がたくさんでた。

「いっしょに担任している先輩の先生は、どう思っているの?」という質問があり、とくになにも言われないけれど、無理して抱っこしなくてもいいのに、と思われている気がするという答えに、これまた、たくさんの共感の声があがった。抱っこでなくあそびに向かえるようにしてあげたほうが子どもの自立心を育てるためによいという空気が保育園のなかにあるという発言や、抱っこをしていてもほかの先生の目が気になり、できるだけはやく降ろそうと考えてしまうといった発言が次々でて、保育のなかで、抱っこを求められたときにこんなにもみんな悩んでいるということをあらためて知った。

ある先生が、自分もほかの先生の目は気になるけれど、子どもが自分を求めて抱っこしてほしいと言ってくれたことをうれしいと思うので、喜んで抱っこしている、と発言した。B先生は、そんなふうに考えたことがなかった、自分は子どもになめられているとまわりから思われていると感じ、自分でもそうかもしれないと思っていたと言った。

二〇年の保育経験者から、自分はそういうときは思いきり抱っこしてあげようとしている、そのほうが子どもは安心し、満足できたらそのうち自分から降りていくと思う、という発言もあり、ほかにも、はやく降ろそうと思って抱っこしていると、それが伝わって子どもは安心できず、かえってしがみついて離れられなくなるのではないか、との意見もあった。B先生は、思うところがあったようで、一週間先の次の勉強会までに試してみる、と言った。

そして一週間後、報告してくれた。Aくんを思いきり抱っこするぞ、と待ち構えていてほんとうに思いきり抱っこしたという。Aくんは、いままでと違って、きょう○○先生に叱られた、とか▽▽くんとけんかしちゃった、とかおだやかな口調でいろいろおしゃべりし、五分くらい抱かれていたが、突然「B先生、オオカミになって」と言って抱っこから降りていっしょにオオカミごっこをやって盛り上がったのだそうだ。そして、あんなにB先生に執着して抱っこ、抱っこと言ってきていたのに、このときを境にほとんど抱っこといわず、ほかの友だちもいっしょにあそびを楽しむようになったという。B先生は「おとなの心もちや対応ひとつで、こんなにも子どもの姿がかわってくるのだなと改めて実感した。これからは、求められた際には思いきり抱っこすることをこころがけるとともに、(中略)その子がいまどんな気持ちなのかもていねいに見ていきたいと思う」と翌週の報告に書いている。

率直に自分の迷いをみんなのなかにだして、Aくんとのすばらしい出会い直しを自ら獲得したB先生の学びと勇気に感謝。これだから勉強会はやめられない。

新人保育者

卒業生があそびに来た。新人として保育園の一歳児クラスで奮闘しているそうだ。彼と組んでいる先輩保育士はやさしくて、記録などが書けないで困っていると、時間を見つけては、「いま、事務仕事してきていいよ」と言ってくれたりするけれど、ほかの先輩は、彼が個人記録や月間指導計画、週案などが書けていないと、「日曜、あったでしょ。休み、なにしてたの！」と言うのだそうだ。毎日、休憩もあまりとれず、明日の保育の準備などで時間通りに帰れず、そのうえ、日曜日に休んだら叱られるのではいやになってしまいそうだが、彼はなんとか心のなかで「休みだから休むのだ」とつぶやきつつ、居残ってやりきれていない仕事をしているという。

でもいちばん気になるのは、子どもをいつも叱っている保育者が多いことだそうだ。「ぼく、子どもには人気あるらしいんですよ」というので、「どんなふうに？」と聞いたら、保護者から、「家では子どもの口からは先生の名前ばっかりでるので、先生のこと大好きみたいですよ」と言われたそうだ。

「食事も無理強いしないということにはなっているけれど、いやだといっても口に入れようとしたり、保育室に入るのをいやがって動かなくなった子の片手を強くひっぱったりするので、肩が抜けないかとはらはらしてしまう。昼食まで時間に余裕はあり、きりきりしなくても大丈夫だろうと思うのに、なんかみんなヒリヒリした感じで、忙しそうに子どもを追い立てている。自分は嫌いなものも多く、いやなものを無理に食べさせられることの苦痛を知っているし、おとなになったら食べられるようになったものもたくさんあるので、これは嫌いなんだな、とわかったら追い詰めたりしたくないし、片づけとかも無理にさせたくない。それが子どもに伝わるのかもしれないですね」と話してくれた。

「それを職場で先輩と話したりするの？」と聞くと、話のあう先輩はひとりできたのだけれど、その人はあるときの職員会議でそういうことを言ってから、ほかの先生たちからいろいろ言われてちっともわかってもらえないで一年を過ごし、やっと話の通じる後輩にめぐりあったけれど、力尽きてこの三月で退職するのだという。

「あなたは大丈夫?」と問うと、「自分は気が小さいから、まず、わかりあえる人を探し、根まわししてからものを言うから大丈夫」と答えてくれた。なんとなく漂う、あせらずいっしょにやっていこうという雰囲気が、子どもにも救いかもしれない、と頼もしく感じた。

彼は、もともと公立保育園の採用試験に落ちて、もう一度チャレンジしようと非常勤での勤め先を探していたときに、それを承知のうえで強く誘われて正規職員として採用された。「でもこれでは試験の準備ができないから自分もやめようかなと思っていたら、さっきの先輩を含めて何人もやめる人がいて遅れをとった。もたもたしていたら四月から給与を月三万円アップするので、あと一年いてほしいと言われ、三歳児二〇人のクラス担任に決まった」という。正規職員は彼ひとりで、保育士資格のないパートの先生が手伝いに入るという。職員みんなが三万円あがるのか、彼だけなのかはわからないらしい。社会福祉法人ではやりたくても財源がないけれど、たくさんの保育園をもつ企業だから、お金で保育士をつなぎとめようとするのだ。

三月の国会で、保育士資格がなくても(一定の条件を満たせば)「保育士」とみなし、補助金をだすという「緊急措置」(!?)が決まろうとしている。これについて彼は「うちのような保育園は大歓迎すると思うけれど、ますます資格をもつ人の負担が増え、けっきょく、保育の質をめちゃめちゃ落とし、子どものためにどんな保育が大事か、などと問うのは現場を知らない絵空ごとだという空気で、真面目で意欲のある保育者がつぶれていくということだと思う」と話し、「また来ます！」と言って帰って行った。彼の語ってくれた現実をしっかり学ばなくては、と思う。

スイカの配り方

一年間臨時採用で働き、今年めでたく別の自治体の公立保育園に就職した卒業生があそびに来た。

昨年は、臨時だったけれど三歳児クラスの担任になり、正規の担任がいなかった日にやってみたという、子どもたちが自由に絵を描いた「作品」をわざわざ見せに大学まで来てくれたこともある。それは、大きな模造紙に、色とりどりに線やまるや点々などが描かれてあって、とてもきれいだったし、彼女の熱心な説明を聞いていると、子どもたちのたまらなく楽しそうな笑い声やおしゃべりが聞こえてきそうな、ほんとうにすてきな「作品」だった。子どもたちがかわいくてたまらないのがよくわかった。

いまは新しく四歳児クラスの正規の担任で、中堅の先生と組んでいるそうだ。なんだか言いたそうなので、「その先生とうまくいかないの？」とたずねてみた。すると、その先生とは話ができるし、わかりあえるほうだと思うのだけれど……と言う。じゃ、なにが？　とさらに聞くと、発達障害と言われている子がふたりいて、臨時職員の方がふたり入っているのだが、その方たちの子どもへの対応がとても気になるのだという。

たとえば、友だちとケンカをして泣いた子がいる。すぐには泣き止まないで泣いていると、その経緯とは関係なくその先生たちは、その子に「はい、もう泣くのはおしまい！」と言う。それでもすぐに泣き止むことはできないだろう。すると、「自分で泣き止まなくちゃだめだよ。先生には〇〇ちゃんが泣くのを止めさせられないんだから。自分でがんばらなくちゃいけないんだよ。もう四歳なんだから自分で泣き止みな！」これを迫力をもって言うので、〇〇ちゃんの泣き声は小さくなる。でも、泣いていることを注意されてよけい悲しくなってしまうので、やはり泣いてしまう。

声が小さくなったのでその先生が行ってしまうと、卒業生はその子のそばにそっと寄っていって黙って頭をなでたりしているというのだ。片づけない、嫌いなものを食べない、食べるのが遅い、昼寝のとき、横になってもなかなか目をつぶらない……保育園の一日が、子どもにとって、なんと制約が多く、苦痛なのだろう。先輩の先生がいないときにかぎって起こることが多く、自分の思いを相談できていないようすだ。

その卒業生には、子どもにとって、こんな言われ方はきっといやだし、納得できないだろう、と思う感性がきちんとある。じつは、彼女は「お母さんにほめられたことがない」と在学中に涙を流したことがある。小さいときから、兄弟と比べられ、いろいろがんばったときも、高校や大学に合格したときも、ほめてもらえなかったと言う（お母さんはほめたけれど、彼女にはそう思えていないのかもしれないが）。ふだん明るく、しっかりしている彼女のその涙は、聞いていた筆者にとって心を打つものであったが、もしかしたらその分、子どもたちの思いや辛さがわかるのかもしれない。

その場の新人としてなかなか言えないけれど、そのオーラは三か月のあいだに子どもたちに静かに浸透していき、最近は、がんがん言われているとき、子どもが救いを求める目をしてその卒業生を見るのだそうだ。正面から注意するのはむずかしくても、そっとかばうことで嫌味をちょこっと言われるくらいは平気、と彼女は笑う。

最近、おやつのスイカが、じかにお盆に乗せられてきたとき、その先生たちが、落とすといけないし、大きい、小さいでケンカになってはいけないから、席に座らせておいて配ると言ったのを、四歳だから、自分で一切れずつ取ってきて席に座って食べるようにしましょうとがんばり、ついにはじめて自分の意見が通ったと話してくれた。

スイカの配り方に正解はないだろうが、保育者として、暮らしを子どもたちのものにしていく小さな一歩を子どもといっしょに歩みはじめた卒業生に、ドキドキしながらもエールを送りたい。

保育士にならない決意

学童保育のいま

ある地方の学童保育の先生たちと話をする機会があった。先生たちの悩みの大きな部分を占めているのは保護者となかなかわかりあえないことだった。

たとえば？　と聞くと、一年生で、いつもちょこっとした傷でもかならず絆創膏を貼ってほしいと言いにくる子がいたという。保育園の年中さんや年長さんでもいるなぁと思って聞いていると、一年生のときはいつも貼ってあげていたけれど、二年生になったとき、そろそろ、あまりにも小さな傷には貼らなくても大丈夫なことを伝えようと思って、そのくらいの傷なら絆創膏を貼らなくてもだいじょうぶだよ、と言って貼らなかった。そうしたら、保護者から、なぜ二年生になったら貼ってくれないのですか？　子どもはとても心配していました、と言われてしまったという。もともと、それほどでもないのに子どもの甘えもあるかな、と受け入れていたのに、そういうことも含めて保護者にわかってもらえていなくて、逆に苦情を言われてしまうということに辛くなってしまうようだった。これには、それくらいの傷に絆創膏を貼っていたらいくらあっても足りません、と言いたいね、といった意見と、子どもが甘えて言ってくるなら、二年になったからといってやめないで、本人がいらなくなるまで貼ってあげてもよいのでは、という意見にわかれた。

どの先生もたいへんと思っているのが宿題のことだった。学童保育に帰ってきたら、まず宿題をやらせる。それだけでもなかなか宿題を開かなくてたいへんな子もいるのだが、文字が乱暴だったり、とくに漢字の練習では細かいチェックが学校でされるそうで、それがきちんと書けていないため、家で一時間かけてやり直しをしています、と苦情がくるという。ときには問題の答えが間違っている、とか、ほかの塾教材もやらせてほしいといって、学童の指導員は小学生の勉強も見る学力がないのか、というようなことまで言われてしまうことがある、と話はどんどん加速していく。

さらに話は、学校に忘れ物をしてきた子どものことになった。先生たちのあいだでも、子どもから忘れ物をしたということを聞いたら、すぐに取りに行かせるといったところや、危ないから、いっしょに指導員がついて学校まで取りに行くというケースもあった。また、学校が防犯上の理由から、忘れ物を取りに来ることを禁止しているところもあるようで、学校に連絡をとったりと、保護者が子どもを迎えにくる時間までに学童としてはいろいろ努力しているのだが、忘れ物について保護者に連絡してもらえなかったという苦情は多いそうである。夜になってわかったので、夜、親子で学校に連絡をとって取りに行ったという話もあったそうである。

学童の先生たちには放課後の子どもたちの生活をどのようにしていったらよいか、という先生たちなりの理想や課題がある。しかし、保護者から苦情がくるたびに、宿題をどこまでやらなくてはいけないのか、学校で緊張して学童に帰ってきたらホッとしたいのに宿題、宿題と子どもを追い立てていてよいのか、甘えたい気持ちを絆創膏だけで受け止めていてはいずれ破綻がくるのではないか、など、保護者に言いたいこともたくさんたまっていく。この厳しい社会でわが子がおいていかれないようにしなくては、と親は親で必死なのだと思う。

まず、子どもの気持ちや考えをおとなたちできちんと聞いてみたい。子どもも親も指導員もいっしょになってどうあったらよいのか、小さなことでもきちんと向かってみるしかないかな、と思う。それにしても学童の先生たち、この忍耐のいる仕事の日々にどうか押しつぶされないで、と願う。親子にとってはあなたの存在がわずかなともし火なのかもしれないのだから。

新制度の「短時間」保育がもたらすもの

ある保育園で、短時間で登録されている子の保護者が遅れてお迎えにくると、つい「この子は短時間なのに……」と思ってしまう、という話がでた。

Aちゃん（ゼロ歳児クラス）の家庭では、お母さんの仕事は六時間だが、早番の日と遅番の日があり、早番の日はあたふたと登園して、ふつう、保護者がおむつを替えることになっているのだが、それもできずに出勤していく。そして、お迎えも三〇分くらいは遅くなる。なんども短時間の保育について話したそうだが、いっこうに改善されない。お母さんが遅番のときは、お父さんがお迎えにくる。どうしてそうなってしまうのか、担任の先生たちは悩んだようだが、育児休業が明けて仕事にでたお母さんとしては、育児と家事と仕事の時間配分などがうまくできず、どうも保育園のお迎えのまえに食材の買い物に寄ったりしているらしい。だからといって、はみだした保育時間の分を追加料金で払ってもらうこともかんたんではなく、標準時間にしたら、ということもかんたんではない。

Bちゃんは、短時間認定であることを保護者もよく理解しているが、上の子はほかの保育園にいる。Bちゃんの下に赤ちゃんが生まれる前は、それでもきちんと時間を守っていた。産後休暇のみでお母さんは仕事に復帰したが、下の子は認可保育所に入所できず、三人の子どもがすべてちがう園に通うことになった。どのような順番にしても二番目、三番目の園のお迎えは遅くなってしまう。その家庭では、なんとか時間を守ろうとがんばっているが、どうしても遅れてしまう。

Cちゃんは、お母さんの仕事が午後の時間帯になっている。登園は遅いが、短時間の時間内でのお迎えがむずかしい。「うちだけでも追加料金を払わせてください」と、その家庭は申しでているという。この園では今年度、遅れてしまって時間延長になった分の追加料金はもらっていない。

子ども・子育て支援新制度（以下、新制度）で、ひとりひとりの子どもの保育時間を標準時間（一一時間）と短時間（八時間）に分けることになった。これまでは、いわゆる標準時間といわれる一一時間が保育時間の基本だったため、入所した子どもの年齢と数を基本として、保育所の運営費は計算されてきた。それが、短時間保育の子どもが何人いるかで、運営にかかるお金の計算を変える、ということが、この新制度でスタートしたのだ。

昨年の秋、その時点で認定こども園になろうとは考えていない園も含めて、すべての保育園の子どもの保育時間をふり分けるための申請用紙が保護者に配布され、保護者も保育園も、たいへんなことになったとあたふたしていたことを思いだす。

この保育園の先生たちは、それぞれの家庭であっぷあっぷしながらも必死で子育てをしている姿をしっかりとらえ、保育園でできることをいっしょうけんめい模索し、支えようとしている。新制度の縛りのなかで、いまさらに起きようとしている「子育てしにくい社会づくり」に飲み込まれてはならない、保護者と保育園を分断するようなことにくみしてはならない、と本気でがんばっている。それでも、しくみを変えられていくなかで、冒頭のような言葉がでてきてしまうのだ。

保育園の先生たちひとりひとりのがんばりだけでは支えきれない縛りを、こまかいところでかけてくる制度の改変に、ともすればあきらめたくなってしまうこともあるけれど、そのまさに最前線で、Aちゃん、Bちゃん、Cちゃんたちのことを悩みながらもいっしょうけんめい支えようとしている保育園があり、お母さん、お父さんと先生たちの日々があることを肝に銘じなくては、と思う。

その街に保育園があることの意味

ここ七、八年以内に保育園を建てた園では、聞いてみるとそのほとんどで、近隣の人たちからの苦情を受けている。

かつて（もう三〇年ほど前になるが）、公団の団地の真ん中の保育園に子どもが通っていた頃も、運動会の練習や、室内で和太鼓の練習をはじめたときなど、ドン！と響いたとたんに電話が鳴った。毛布を何枚もかけて太鼓の練習をしたりしたものだった。そして、運動会の前には近所を一軒ずつ訪ねて、お願いとお詫びを手渡してまわった。

でも、子どもたちの声や保育者の声が一日中（昼寝のときは静まり返ったが）していることや、すぐそばの小さな公園でかけまわって歓声をあげる子どもたちについては、苦情は来なかったと思う。当時、団地のたくさんの子どもたちがその保育園に通っていたことも関係していたかもしれない。まだ、五階建ての団地の階段の下で、子連れの母さんたちがおしゃべりしている光景がたくさん見られた頃であり、筆者もおそるおそる、ときにはそれに混じることもできた時代であった。

その保育園でも、団地の外から通う子どもが増えてくると、朝夕の送迎時の駐車問題がでてきて、父母会もいっしょに、迷惑なところに止めないこと、短い時間の停車にすることを必死に呼びかけた。お迎えのあと、園庭でおしゃべりしたり、すぐ脇の公園で友だちとひとあそびして帰ったり、といったのんびりしたことは許されなくなっていった。

そして、近年、保育所不足がクローズアップされるなか、保育園建設反対が住民からだされていることがいくつも報道されている。

都内と地方の知っている園で、設計を変更し、子どもの声などが通りにくいように園舎の向きを変えたり、物置兼職員休憩室をわざわざ長屋のように作ったりして、音をさえぎる壁の役割を果たすように工夫したりしているところがある。また、朝、登園してもすぐには園庭にはでてはいけなくて、九時過ぎくらいから、クラス別に順番に園庭であそび、夕方も園庭ではあまりあそばないようにする、といった保育そのものへの影響がでている園もある。

最近、東北内陸部の保育園を訪ねた。平屋建てで園庭が広く、たくさんの草花や木々が植えられ、端に小さい小さい田んぼがあり稲が育っていて、それとは別に一五台以上、ゆったり止められる広い駐車場がついていた。都会からは夢のような広さとのんびりしたいい空気が漂っていた。法人の三園目として数年前にできたのだそうだが、初めは近隣からはいろいろ言われたという。

いちばん参ったのは、ここに保育園が来るなんて家を建てたときは思っていなかった、静かに暮らそうと思っていたのに……という、災難にあってしまった、というような近所の方からの声だったという。でも、人の暮らしはさまざまで、夜勤で働く人もいるし、病気で寝ていてにぎやかさがこたえる人もいるかもしれないと思い、ていねいに、ときには子どもの写真入りで保育園のようすの紹介なども入れたチラシを配ったりしているうちに、野菜の苗を持ってきてくれる方もでてきたりして、やっと地域に入れてもらえた気がすると言っていた。

そこの先生から、東日本大震災の津波で流され、やっと最近園舎を建てることができた仲間の保育園の話を聞いた。仮園舎からようやく引っ越してきて、近隣の家にあいさつに行き、うるさかったりしてご迷惑をおかけします、と言ったら、「人も家もみんな失くして五年、元気な子どもたちの声が毎日聞けるのはうれしい、子どもたちの姿が見え、笑い声や泣き声があることで、やっと暮らしていると思える。よくここに来てくれた」と言われ、涙がでたという。

ほんとうは子どものいのちの存在そのものが、その地域の人々を励ます力をもっているのだとあらためて感じた瞬間だった。

保育士にならない決意

「この間ずっと迷っていました。そして、未練がないと言えばうそになるけれど、一般企業の就活をすることに決めました。子どもを幸せにする仕事につくことができなくても、将来のわが子を大切に育てていこうと思います」。

大学四年生の男子が、めずらしく紺色のスーツにネクタイ姿で現れてそう言った。保育士の資格を取り、施設で働きたいと言っていた学生である。「えっ?」というこちらの表情に答えるように、「子どもが自分のように、地方からでてきて東京の私立大学に通いたいと言っても、なんとか望みをかなえてやれるような生活をつくっていきたい。保育士の仕事ではそれはむずかしいと思うので」と、いつになくきっぱりと話した。ふだんはそんなにはっきりと意見を言う学生ではない。それだけに、自分にも言い聞かせた決意なのだな、と感じた。でも、最後の実習と演習はちゃんとやって、おざなりでなくしっかりと保育士資格は取りたい、とつけ加えた。

保育士の給料の低さは尋常ではない。若いうちはそれほど変わらなくても、一〇年くらいたったら、一般企業の平均より月約一〇万円ほど安くなってしまうと報道されている。国が保育士の待遇改善のため、二%給与を引き上げて、月六〇〇〇円平均のアップをすると発表していることについて、保育研究所所長の村山祐一さんは、二%で六〇〇〇円だとすると、現在三〇万円の給与だということになるが、実際の国の給与の算出基準では、そもそも園長でも三〇万円に届かないと話す。

保育園に就職して五年目の卒業生に、「基本給だけでもいいから金額を教えてくれる?」と頼んでみたら、「月額一八万三〇〇〇円」と答えてくれた。都会の社会福祉法人である。この保育士さんの給与が二%増えるとしたら、月三六六〇円アップすることになる。六〇〇〇円増えても保育士の離職はとても止められない、金額の単位が違う、少なすぎると思うが、ほんとうはその金額もまやかしだということになる。そこから所得税なども引くのだろうから、待遇改善というにはあまりに微々たるものである。

別の学生は、親から「頼むから保育園に就職するのは思いとどまってほしい」と言われたという。いくらやりがいがあると言われても、平均月一〇万以上も低い給料があたりまえになっている職業にはついてほしくないということだ。親は親でやりくりして高い学費を四年間払い、やっと独り立ちしようとするわが子の行く末が心配になるのも無理はない。

何年も前だが、四年生の秋になって、突然保育園の就職志望をやめ、小さな会社に就職した卒業生のことが浮かんだ。「保育士になりたかったのでしょう?」と聞いたとき、彼女は、奨学金の返済のために断念したことを話してくれた。地方からでてきて、月一〇万円の奨学金を借り、利子がついて、五〇〇万円を超える返済を二〇年間でしなくてはならないという。田舎には就職口がない。自分で家賃等生活費をすべて払い、しかも毎月返済していくには、保育士の給料では無理なのだ。奨学金に利子がついていることに腹が立ったが、彼女をなんと励ましたらよいかわからなかった。

潜在保育士や離職者の膨大な数のひとりひとりにそうした葛藤や思いがあるのではないだろうか? 保育の深い魅力を学生に伝えるだけでは、いま保育士は養成できないのかもしれない。なぜ、これほど大事な仕事がこんなにも社会で軽んじられているのか、それも含めていっしょに解明していこうという仲間になってもらうことしか道がないのかもしれない。それは、私たち養成の側に鋭く問われているように思う。

保育の現場ではほんとに人が足りません！

卒業生と在学生のつどいが開かれた。ひとりずつのあいさつのなかで、三、四年間勤めている卒業生の多くが、一年目はずいぶん泣いたけれど、子どもはかわいいし、がんばっている、と話してくれて、最後に、なんと言っても職員が足りないので、うちの職場にぜひきてほしい、と在学生に呼びかけていた。職場からも呼びかけるように言われてきているらしい。

どんなふうに足りないのか、軽食を食べながら聞いていくと、次々と人手の足りない職場の実態が見えてきた。

ある新人（卒業して一年目が終わろうとしている人）は、三歳児二三人を先輩とふたりで担任してきた。しかし、秋頃から先輩が体調を崩し、うつ病と診断されて、病休になった。フォローに入ろうにも人がいないらしく、主任の先生が少し入ってくれたりもしたが、パートの先生が時間によって入るから、「あと少しだけ、ひとりでがんばって！」と言われているという。月案なども書類も書かなければいけないし、保護者会も自分が責任者でやらなくてはならない（そのときは主任の先生も入ってくれたらしいが）。子どもたちみんなをちゃんと見ることなんてできない、第一、新人の自分の言うことなんか、子どもたちは聞いてくれない……。

もっと給料のよいところに移りたい、というので、給料を聞いてみると、もらっているお金は、保育士の新人としては悪くないほうである。筆者がそう言うと、土曜日の出勤が月三回かそれ以上あり、人がいないので代休ではなく、超勤手当で解決しているから金額が上がっているのだそうだ。人数は多くはないが、違う職種で企業に就職した人の話を聞くと、自分もそうすればよかったかな、と思うのだ、と言った。

三歳児クラスは、最低基準の〈二〇人に保育士ひとり〉では実際にはたいへんで、複数にしたり、時間帯によって誰かが入ったりしなくてはなかなかやっていけないのに、二三人に新人ひとりでは、基準にも違反していることになる。これではヘトヘトになって、いやになってしまうのも無理はない。

でも、子どもたちはあなたになついていて、かわいいんでしょう？ と言うと、「それはかわいい」と初めて笑顔になった。

ほかにも、保育士が途中でふたりも辞めてしまったので、フリーだった人が途中からそのクラスの担任になり、臨時職員も途中からでは見つからないので、あとはパートさんに少しずつ働く時間を増やしてもらってしのいでいる、とか、まったく足りないけれど、いくら募集しても来ないため、派遣会社に頼んで派遣の保育士を複数入れている、などの話がいくらでもでてくる。

さらに、児童養護施設に勤めた卒業生が、「いま、月に一〇日以上夜勤をしている」と言った。少人数でアットホームなグループを単位としている施設なので、三人でまわしていたが、先輩が病気になってしまい、その代わりの職員が入らないので、とりあえず、夜勤に穴を開けないようにするにはひとりの回数を増やすしかないという状況らしい。意地で辞めないで働いているが、児童養護でがんばろうと燃えていた自分は、いまはいないと言う。さらに、本人が病気になってしまった卒業生もいた。

人が足りないから、いまいる人たちが無理をする。そうすると病気などになったり、もうここでは働けないとなって辞めたりするため、さらに職場がきつくなる……という悪循環のなかで、卒業生たちもがんばり、そして疲れている。処遇だけが保育士不足の原因ではない、専門性を高めてやりがいを感じることが大切だから研修を充実させよう、というのが新しい施策かもしれないが、こんな度を超えた悪循環を断ち切るには、まず月給を一〇万円上げてから考えてほしい。

「やっぱり明日からまたがんばる」と言って帰って行った若者たちをつぶしたくない。

福島県保育・子育てのつどいに参加して

今年（二〇一三年）も、鮫川村《さめがわ》で行われた福島の保育・子育てのつどいに参加させていただいた。今年で三二回目になるつどいの司会は、第一回のときにはまだ生まれていなかったという若いふたりの保育士さんだった。それだけで、会場はどっと沸いて、つどいの歴史をあらためてみんな感じていた。

そのなかで、三二年前、このつどいをはじめるにあたって奔走し、それから常に事務局長などをしてがんばってこられた方が車いすで参加されていて、九州へ引っ越しをされるということがみんなに紹介された。ごあいさつがマイクを通してもとても小さな声であったが、よく聞いていると、「来年の夏、九州で行われる全国保育団体合同研究集会で会いましょう」というお話だった。どこまでもみんなでがんばっていこうとする先輩の姿勢に、「来年はみんなで九州の合研に参加して、この人に会いに行こう！」と参加者たちは盛り上がった。自分たちの歴史を、そしてそれを築いてきた仲間を大切にし、さらに引き継いでいこうとしている福島の人たちを目の前にして、圧倒された交流会だった。

翌日は、分科会に分かれて、実践の提案がだされ、みんなで学びあいが行われた。筆者はゼロ・一歳児の分科会に参加した。提案したのは鮫川の隣の棚倉町の保育園の先生だったが、子どもが初めて戸外に降り立っていろいろな自然に触ったりするとき、不安になる子がいることを、理解し、初めてのことへの不安や恐怖感を認めて、ていねいに乳児とかかわっているのが印象的だった。そのかいあって、子どもたちは自然を楽しむようになっていく様子が語られた。

参加者が次々自分のクラスのことを話しはじめると、ゼロ歳児は震災での原発事故以来、二年以上たって、ようやく乳母車などで一五分、二〇分外へでられることになった、といった話があちこちの地域からでてきた。地面に降ろすと、どうしても砂とか土とかがついた手をいつのまにか口に持っていってしまう危険がある。放射線量の多いこともあるそうしたものを口に入れないようにするには、下に降ろさず、散歩車などに乗せてひとまわりする、といったことになってしまう。どこの保育園も保護者に子どもを外にだしてよいか、園庭だけか、散歩もよいか、聞くようにしているとのことだが、特にゼロ歳児は保護者もとても心配しているため、ひとりひとり、きちんと聞いて慎重にしているという。

どこの保育園も、除染をして、砂などの入れ替えも行っているという話で、また、日々線量計で散歩コースや園庭を測っていることもつづいている。いくら園庭を除染しても、まわりの住宅の除染ができていないため、線量が下がらなくて困っているという声もでた。

そんな話が次々でるなかで、棚倉町の保育士さんが、自分のところは数値が低いため、こうしてのんびり外へもでられる保育ができていてすみません、と話した。

みんなハッとしたと思う。自分のところがみんなより放射線の数値が少し低いからといって、申し訳なさそうにする必要なんてまったくないのだから。

こんなにも、いま、その地で育ちはじめたばかりのゼロ歳児、一歳児たちを必死に守りつづけ、健康被害がおこらないように、そして楽しいことで子どもたちが笑顔をたくさん見せてくれるようにがんばりつづけている人たちを、そんな気持ちにさせるなんてとんでもない話である。

でも、そんな複雑な状況も見据えて、そこに集まった保育者たちはいろんな保育園のていねいで積極的な試みをたくさん語りあい、聞きあって、明日からまたがんばるのだな、と彼らのまっすぐなよい笑顔を見ながら思った。筆者にできることはこれを全国の人に少しでも伝えることしかない、と思う二日間だった。

散歩のコース

福島県の公立保育園で、今年度（二〇一五年）異動した先生に聞いた話である。「今年度にはいって、自分の前の職場の先生から、お散歩のコースを教えてくださいって電話がかかってきたんですよ」。

えっ、どういうこと？「二〇一一年三月一一日以降、お散歩に行けない日々がつづいたじゃないですか。そして、外にでられるようになっても、放射線量の少ない所を選んで短い時間の散歩しかしていなかったんです。そろそろもっと以前のように散歩をしようと思ったら、保育士が入れ替わったりしているこの四年のあいだに、その園がそれまでつくってきた散歩のコースがわからなくなってしまっていたということなんです」。

そこにいた人はみんなとてもおどろいた。保育する人は少しずつ入れ替わったりしても、ふつうは、それぞれの保育園にはそれぞれ長いあいだに子どもたちとつくってきた散歩の行先やコースがいくつもあって、それは当然のように受け継がれていくものだと思っていたからである。時期によってあまり行かなくなる場所や新しいコースもできるだろうが、その園の子どもたちが代々歩いてきたコースを知らない先生ばかりになってしまう、ということは考えられなかった。

「散歩のコースも、考えてみれば、その保育園が少しずつみんなで年月をかけてつくってきた文化みたいなものですよね。そういうものが、いつのまにか原発事故のために消されそうになっていたなんて、自分たちもショックでした」。

この地域の保育園の先生たちは、震災直後から避難所に派遣されて働いた。そのころ、避難所に果物を差し入れにきたどこかの会社の男性が、入り口からだいぶ離れた場所に箱をいくつも降ろして、お礼を言おうとでて行った先生たちから逃げるように帰って行ったと話してくれ、放射能がうつると思っているのね、と憤慨していたのを思いだした。

保育園が再開されてからは、外にでられない保育、自然に触れられない保育、虫たちを追いかけたり触ったりもできない保育、栽培や飼育もできない保育のなかで、それでも日々、やれることをひとつひとつ子どもたちといっしょに楽しんで、子どもたちの成長のためにできることをみつけ、精いっぱいがんばってきた。そうして今回、以前のように散歩をしたいと願ったから、保育をする自分たちのなかであたりまえと思っていた散歩のコースの伝承が危うくなっていることに気づけたのだ。

その地域は地震の被害もあったし、放射線量のことでの心配もあったが、爆発を起こした原子力発電所の周辺地域から避難してきた人たちもたくさんいて、現在も暮らしているという。避難してきた人たちのために保育所も用意されたが、そこに入所しないで、地域の保育所に入所する子どもが増えているのだそうだ。避難してきた元の地域には帰れない、帰らないと思っている人たちにとっては、元の町の保育所には行きづらいし、この地域で子育てをして暮らしていくとしたら、子どもの友だちをこの地域でつくり、いっしょに小学校に上がっていくことを願うからだと思う、とその先生は言った。

さらに、その町から避難してきたことを内緒にしておきたい人もいるそうだ。このことは、その人たちが、この四年半のあいだ、原発事故によって避難させられてからどんな思いをしてきたのかを私たちに想像させる。私たちは、自分のごく近くに、生活のすべてをとつぜん捨てざるを得なくなったうえに、こうした差別に傷つきつつ暮らしている人たちがいることを、いつも忘れてはいけないのだと思う。四年半たった福島をかわらずに支え、こうして伝えつづけてくれているこの先生たちに感謝！　会が楽しみになった。

保育園の給食はどうなる⁉

一一月のある日、ある保育園にいくと、年長の子どもたちが口々に「きょうは〇〇ラーメンだって！」とうれしそうに教えてくれた。〇〇とはその保育園の名前である。子どもってラーメン好きだからなあ、と聞き流していたら、園長先生までが、「うちの園のラーメンは巷《ちまた》ではなかなかお目にかかれない手のかかったものなのよ」と言う。どんなものなの？　と聞くと、とにかく出汁《だし》が凝っていて、魚や野菜、そして鳥のどこか（説明されたのだが、知らないものだったので覚えられなかった）からていねいにとった出汁を醤油ベースで味つけてあり、その澄んでいてあっさりしているのにこくのある汁がたまらなくおいしいのだそうだ。それも、あまりにも手間がかかるので、二か月に一回か三か月に二回くらいしかだせないのだそうだ。

いよいよ給食！　献立は、もちろんラーメン。もやしなどのゆでた野菜と、手作りのチャーシューと海苔《のり》、そしてトマトやキュウリや豆、コーンなどのサラダ。子どもといっしょにご馳走になったが、ほんとうになんておいしい出汁のきいた汁なのだろう、と味わうだけで幸せな気持ちになる。子どもたちはそれぞれ急ぐでもなくおかわりもして、汁をまわりに飛ばし、おしゃべりしながら食べている。

別の園では園庭に煉瓦《れんが》で囲いをして火をおこし、網でサンマを焼いている。庭が広く、まわりも畑などで民家がくっついていないためか、サンマの焼けるなんともいえないいいにおいがしてきても近所から苦情は来ない。家では食べていない子も、園庭でいいにおいで焼けるアツアツのサンマはおいしいことをそこで知る。

また、別の園では、にぼしやかつお節、昆布などでていねいにとる出汁にこだわり、絶品の汁物を作って給食にだしている。

こうした園で日々生活しているこの子たちは毎日、あたりまえのようにこだわりの食事を食べ、元気に育つ。東京都などは、半世紀もまえから革新都政の施策で三歳児以上も完全給食（主食もあり）である。国の施策が三歳以上は副食給食（ごはんは子どもが持参）であることを知らない保育士もいる。現在、子どもが主食を持参しているのは日本じゅうで四〇％くらい、あとは自治体が補助していたり、主食費を園で集めて炊きたてのごはんを提供したりしている（全国保育協議会資料による）。とくに〇－１５７がでてから、主食の持参への心配が増している。

幼児期の保育・教育の無償化が突然実施の方向で動きだし、そのなかで給食費も問われていたが、二〇一八年一一月二二日の子育て会議で、これまでの幼稚園に合わせて保育料とは別に有料にするということが打ちだされた。

食べることは保育そのものの大事なこととして、園はていねいに食を提供してきた。離乳食も、アレルギーへの対応も、そして食べることが大好きになり、ほんとうに安全で安心でおいしいものを知り、友だちや先生と食べるごはんが楽しくてしかたがないという日々をどの子にも保障するためにおとなたちは努力し、工夫してきたのだ。保育の一環として給食だけ別料金にすることは、保育の営みをばらばらにして切り売りするような発想にほかならない。これは、おむつを替える回数を料金に換算したり、シャワーをしたらいくら、としてひんしゅくを買った一九八〇年頃のベビーホテルの発想とかわらない。保育は日々、子どもの最善をめざして暮らし丸ごとを大切にすることで子どもの健全な成長をすべての子どもに保障しようとするものである。

おとなが切り売りの発想に流されてしまったとき、保育園はこのすばらしい到達点を守ることはむずかしい。そのうち、献立と材料費を勝手に換算し、あっちのスーパーで買えば安いのになど、子どもに最善のものを食べさせようと食材選びも慎重にやってきた保育園の努力がつぶされる危険がある。

　こうしたことを決める立場の人たちに保育園のこの並々ならぬ努力と叡智《えいち》を知ってほしい。天にものぼるおいしさのラーメンを食べてみて欲しい。

黄色いセーター

子どもにとっての「時間の見通し」

だいぶ前になるが、ある保育園で、「主体的な保育」を園内研修のテーマにしてとりくんでいた、四歳児クラスの保育を見学させていただいたことがあった。

給食の時間が近づくと、あそんでいた子どもたちが、いつのまにか片づけをはじめて、給食のしたくに移っていった。その間、先生は、そろそろ給食だから片づけようと言ったりはまったくしていないのに、である。筆者はおどろいて、「どうして片づけがスムーズにいったのですか?」と担任の先生にたずねた。先生が話してくれたことによると、子どもたちとこの春から時計の読み方を勉強してきて、短い針と長い針がこんなかたちになったら片づけをはじめよう、と教えてきたという。はじめは、「ほら、時計の針を見てごらん。お片づけの時間だよ」と声をかけて子どもたちを促してきた。しかし、寒くなってきたこの頃では、春から教えてきた成果で、おとなたちがなにも言わなくても子どもの誰かが気づいて、お片づけの時間だ、と片づけはじめるようになったという。おとなに言われて行動するのではなく、子どもたちが自分たちで気づいて、主体的に行動できるようになってきた、とその先生は説明してくれた。

そのとき、子どもたちは、その時間を気にして、あそびに夢中になれなくなっているのではないだろうか、これは子どもが主体的なのではなく、時間の決まりに縛られているのではないか、と思った記憶がある。このできごとは、筆者にとっては、保育の世界で「主体的」という言葉を聞くときに、その言葉が使われている子どもの姿と保育の実際について、慎重に見ていかなくてはならないことを教えてくれた。

いまから六〇年以上むかし、筆者が子どもだった頃、子どもたちは家にもどらなければいけない時間をどうやって把握していたのだろう。夢中になって群れをなしてあそび、暗くなる頃、あちこちの家から夕ご飯のいいにおいがしてくる。ひとり、ふたりと「ごはんだよー」と呼ばれて抜けていく。真冬でも、晴れた日は木枯らしのなかで、ときにはおにごっこ、ときにはおうちごっこ、よく覚えているのは缶けり、石けりなど、際限なくあそんでいたように思う。

テレビも、塾や習いごともほとんどの子にはなかったから、いわゆる時計で計らなければならない時間は、このころの子どもたちには存在していなかった。暗くなることと、ごはんだよ、と家に呼び戻されることが、このころの子どもたちの「見通し」だったともいえる。子どもにとって時間を守ることが必要なのは、幼稚園や学校の世界だけだったのだ。そして、その世界ではベルが鳴る、など、時間を合図で知らせてくれたので、かなり大きくなるまで、自分で時計を見ながら時間管理をする必要はなかった。

その後、テレビが家庭に普及し、あの番組を見たいから、何時にはテレビの前にいないと、と子どもにとって時刻が意味をもつようになっていったような気がする（おとなも同じだったけど）。日曜日の朝、「○○マン」とか「△△レンジャー」を見るために、たくさんの子どもたちはそれこそ「主体的に」早起きしていることを、日曜日くらい寝坊したいおとなたちはあとから知ったりした。

さらにその後、子どもの生活はますます時間に縛られるようになっていく。学校のほかに習いごとや塾の時間が、曜日とともに子どもたちの時間を管理するようになっていったのだ。もはや、子どもたちはたくさんの時間の決まりごとの合間をぬって、すきまを埋めるあそび方しかできなくなっている。時計でなく、夕暮れと晩ご飯でのみ区切られていた子ども時代に、たっぷり夢中になってあそんだ経験をもつ人は、もはや年配者しかいないのかもしれない。もし、こうした時間が子どもにとってかけがえなく大切なものであるなら、まだ、その満足を体験した人たちがいるあいだに、子どもの日々にそうした時間をとりもどすために、本気で議論をしておきたい。

狭くてちいさな庭

狭くて細長いわが家の庭に、梅の木がある。この冬は寒かったり暖かかったり、関東にしては大雪がつづけて降ったりしたが、やはり、時期がくるとびっしりとちいさなつぼみをつける。こちらが忙しくしているあいだに、いつのまにかうすいピンク色の花がぎゅうぎゅうづめになって、枝に窮屈そうにくっつきあって咲いた。

枝を切ったあとに新しく若い枝がまっすぐ上に伸び、そこにもつぼみができ、花が咲く。となりに植わっている椿《つばき》の木も、梅といっしょに花が開きはじめ、湧いてくるようにいくつもいくつも咲く。父が日本画家だったせいもあるのかもしれないが、梅のちいさな木が四本と、ほかにもぼけの木、柿の木がひしめきあい、垣根を越えてとなりの家にも道路にもはみだし、まわりに迷惑をかけつづけている。もう少しすると山吹《やまぶき》が黄色の一重の花をつけ、いつのまにかこれも道路にはみだしてたくさん咲く。

ふだん目もくれず、もちろん世話もしないままなのだが、つぼみに色がついて、梅の花がぽつりぽつりと咲きはじめたころから、花がすっかり終わるまでは、気になって仕方がない。小鳥がきたといっては眺め、今度は違う鳥だといっては眺め、めじろやしじゅうからが、さかさまになって花にくちばしをつっこんだり、忙しく枝から枝へ渡ったりするのを見ていると飽きない。そういえば、父は、いつものあぶなっかしい大工仕事をしてちょっと傾いた小鳥のエサ台をつくり、毎朝パンくずを置いていた。

梅も椿もぼけも、南側のお隣さんの壁が背景になっている。まわりの家々も背が高いので、それらの隙間から差し込む陽の光も、時間によっては木や地面に届かない。でも、枯れ枝と思っていたなにかの木にたまたまおひさまが当たり、ちいさな緑がちらっと光ったのを見つけ、枯れ枝ではなかったんだと知ったりする。

こんなちいさな庭にも毎年、たしかに春はやってくる。そして、花びらが風に舞い、すっかり終わって若葉でいっぱいになると、そのうちそれぞれに実をつける。余談だが、母の弟である叔父は、幼い私に、ぼけの実を「ぼけなす」というんだよ、と真顔で教えた。私はすっかり信じ、学校でそういって友だちに教えたりしていた。この叔父は茶目っ気のあるおもしろい人だった。

梅の実はそろそろとらなくては、と思いはじめてからもなかなか時間がなく、黄色く熟してぼろぼろ落ちはじめてあわててとることも多いが、わが家の唯一のまともな（？）収穫物である。梅酒にしてもあまり飲まないので、母は、梅ジャムを作るのが恒例だった。母が亡くなってからは、真夜中の一時とか二時とかに梅ジャムを寝ぼけ眼《まなこ》で作るのが年に一度の筆者の行事になった。すぐ焦げるので、煮詰まるまでずっとかきまぜていなくてはならず、とちゅうで、まだゆるゆるなのに完成ということにしてしまうここ何年かだったが、それでも素通りすることはできなかった（とうとう昨年はジャムも作れなかったが……）。

ふだん、忙しがって、なにか追いまくられて仕事を際限なくやっているつもりになっているが、こうした季節の繰り返しが、ふいに幼い頃の断片を思いださせてくれる。そして、自分がどんなおとなたちとの暮らしのなかで育ってきたのか、自分はどんなものでできているのかを垣間見る瞬間をくれる。そうすると、重要だと力んでいたことが、さほどでもないような気がしてくるから不思議だ。

このような春のはじまりが、理屈も含めて、自分の感性を信じるしかない、それが自分なんだから、とあらためて筆者に伝えてくれる。わが家のちいさな庭に感謝したい。

六歳の春

春になると、小学校の入学式の頃を思いだす。筆者の父は日本画の絵描きで、太平洋戦争が終わってそれほど経っていない頃だから絵が売れるはずもなく、家は貧乏だった。

それでも、おとなたちはみんなして入学を祝ってくれた。ランドセルは祖母が買ってくれた（牛革ではなかったらしく、シワシソしていて、子どもごころにも、つやつやしたほかの子のランドセルがちょっとうらやましかったが）。母はお金を工面して布を買い、黒いビロードに白いレースの襟のついたワンピースを縫ってくれていた。

入学を心待ちにしていた筆者だったが、直前になって病気になってしまった。自家中毒と呼ばれていたその病気は、親戚が集まって楽しく騒いだ日や、めずらしくどこかにでかけた日などに、必ずといってよいほど起こった。激しくおう吐し、ぐったりしてしまう。幼い子どもの場合、脱水症状に気をつけないとたまに命にかかわるらしい。

筆者は、少し症状が治まった二、三日後、ふとんのなかから、看病で目のくぼんだ母に繰り返し繰り返しおなじことをつぶやいていた。

「よくなったら、親子どんぶりとね、カレーライスとね、キャラメルとね、アイスクリームと……それからえーっと……ぜったい食べさせてね」（これがその頃、筆者の思いっくご馳走だったらしい）

母はちょっとおかしそうに、でもなんだか目をしばしばさせて笑って、「うん、わかった。治ったらきっと食べさせてあげる」と答えた（この約束は、いま思い返すと果たされたことはなかったが）。

筆者の小学校の入学式は、ふとんのなかで「親子どんぶりとねえ……」と言い暮らしている何日間かのうちに、いつのまにか終わっていた。


いま、よく保育の話を聞かせてもらう保育園で、このあいだ、年長クラスにいるしょうちゃんのことが話題になった。

就学時検診に行ったとき、しょうちゃんは、保育園の友だちがひとりもいないことに気がついた。仲良しのげんちゃんは何人もいっしょに同じ小学校にあがるのに、自分はだれも友だちがいない小学校に行くんだと知って、大きなショックを受けたらしい。

その翌日からのしょうちゃんはすごかった。「そろそろごはんよ」とやさしく呼びに行った担任に「てめえ、あっちいけー！」とどなる。「あそびたかったらごはん食べてまたやればいいよ、ね」とかさねて話しかけると、しょうちゃんは「いまじゃなくっちゃだめなんだよー！　あとじゃ、もうだめなんだよー！」と叫んで、泣きだしたのだ。

学校に行ってしまったら、保育園にも来られない、友だちともあそべないと小さい胸を痛め、不安でいっぱいのしょうちゃんがそこにいた。抱きとめた担任の先生をドンドンと蹴飛ばすしょうちゃんが、なんだかせつなくて、いとおしかったとその先生は言う。

学校に行くことは自分の毎日が大きく変わることだとわかってきているからこそ、期待もあるけれど、不安でたまらないのが「もうすぐ一年生」の実像なのだろう。おとなは「――できないと一年生になれないよ」などとは間違っても言わずに、その精一杯な気持ちをやわらかく見守ってあげたい。

黄色いセーター

秋風が寒くなってくると、セーターが恋しくなる。小学一年の頃だったと思う。結核で自分では編み物を禁じられていた母が、他人に頼んで筆者と姉とにセーターを編んでもらってくれた。毛糸の編み目が暖かそうで、模様編みまで入っていた。めったにないことで、うれしくてしかたなかった。姉のセーターが何色だったかは忘れてしまったが、筆者のは黄色、それも真夏に咲いたばかりのひまわりみたいなぱっとした黄色だった。

翌日、喜んで学校に新しいセーターを着ていった筆者は、男の子たちから「うんこいろ、うんこいろ!」とはやしたてられた。よくある話である。彼らもさほど悪気があったわけではないだろう。ただ、きっと真新しいあざやかな黄色のセーターがそれだけ目立ってもいたし、新しいものを買ってもらったことがちょっとはうらやましかったのかもしれない。そういう時代だった。

でも、これもよくある展開であるが、筆者はめちゃくちゃ落ち込んだ。そしてその日、うなだれて学校から帰ると「もうこのセーターは着ない」と密かに決心して段ボール箱のなかにそのセーターを隠した。やっと作ってもらった新しいセーターを、そんなことで着ないなどとはとても言えなかったゆえの幼い知恵だったのだろう。

何日かして、そのセーターは母に発見され、問いつめられて、筆者はしぶしぶ白状した。母は「でも、この色、きれいだし、似合っているのにねえ」としか言わなかったが、ちょっとがっかりしたその表情に、そんなことを言われたぐらいでおめおめと引き下がる弱気な筆者への落胆を見たような気がしてさらに落ち込んだ。

母は着ていけとも着ていくなとも言わなかったが、意を決して筆者はふたたびそのセーターを着て学校に行くようになった。そして、なさけないことであるが、はやく、古びて色褪せてくれるように願っていた。

小学二年生の女の子Yちゃんは、保育園時代から青い色が好き！　と言っていた。服はいろいろ古着をもらってきているのでいろんな色や模様がついていたが、買ってもらうくつなどはいつも青。髪の毛を短くして短パンをはいていると、ほんとうに男の子か女の子かわからない。それは、小学生になってもかわらなかったようである。

学校でなにかの道具入れを一括購入することがあったとき、赤か青を選ぶことになり、女の子でひとりだけ青を選んだ。担任の先生はひとりだけというのを心配して、家に電話をかけ、母親に赤を選ぶよう勧めたという。それを聞いたYちゃんは、「あたし、青い色が好きなんだもん。青がいい」ときっぱり。

実際にものが配られたとき、「えー、あいつ、男みたい」という声があったそうだが、「どうして青だと男なの？　え？　誰がそう決めたわけ？」とのYちゃんの反撃にみな撤退したらしい。「うんこいろ」に負けた筆者としては拍手と声援を送りたい気持ちである。

「育つ風景」を書き続けて

「福祉のひろば」に書かせていただき始めたのは二〇〇一年四月号のことです。指を折って数えないとよくわからないくらい長くなりました。

きっかけは、現在、明星大学名誉教授の垣内国光さんが保育の話を一年連載して、その欄を私にバトンタッチしてくださったことです。保育園の話や子どものことが載ることで、福祉のこと、その活動、運動の意義を学ぶ月刊誌を、保育者の人たちにも少しは手に取ってほしいと思ってはじめたページだとうかがった記憶があります。

そして、保育にかぎらず、子どものこと、自分のことなどなんでも感じたこと、思ったことを書いていいとのお話がとてもうれしく、引き受けさせていただきました。仕事として言うべきことや言いたいことはたくさんありましたが、それとはまた別に自由に書けることは私にとっては初めてで、書きたいことが溢れてくるようでした。

自由に子どもの気持ちに想いを馳せていこうと勝手に喜んで書き始めた「育つ風景」ですが、書きたい子どもの姿がそのとき急に湧いてくるというか、天から降ってくるというか、そんな言い方がぴったりでした。夜中、家族が寝静まったなか、ひとりで、降りてきた「書きたいこと」が逃げていかないように静かに書き留めていく作業は、なんとも言えず楽しいものでした。

何年か経つうちに、この連載は、そのときその子はどんな気持ちだったのだろうか？　その保育士はどんな思いだったのか？　といつもどこかで考える基となり、なかなかテーマが決められないときは実践とちゃんと向き合っていないのではないかと、保育研究者としての基本的な姿勢を自分に問いただしてくれる貴重な〝相棒〟のようになっていきました。

本書は、一冊目の『育つ風景』（かもがわ出版）、二冊目の『育ちあう風景』（ひとなる書房）に続いて三冊目になります。ばらばらになっていつしか忘れてしまいそうな小さな文章をこのように繋いでいけるかたちにしてくださったことをほんとうに感謝しています。

子どもと直接向き合って毎日いっしょうけんめいかかわっている保育士さんと違って、私は子どもたちとおとなたちとがいっしょになって暮らしているのを見ていることしかできません。

でも、子どもとおとなが、ときには必死に、ときにはやさしい気持ちでともにいることのかけがえのなさを、そのうしろすがたが筆者に教えてくれています。その人その人のその瞬間の自然な姿が、どんなに小さくても、また、子どもとの向き合い方に自信がなくなったり疲れたりしているおとなであっても、どれもとてもいとおしく、大切な姿です。そして、たくさんの思いを持って日々を生きるひとりひとりに敬意をもつことなしに、保育や人の育ちをとらえることはできないと思い知らせてくれます。

わかったと思った子どもの姿にいい意味で裏切られ、さらに深みにはまっていく興味の尽きない学びができるのも、保育の勉強をともにしてきた仲間のみなさんのおかげです。学ばせていただいた、子どもの側に立つことに徹すること、子どもの人間としての大切な育ちを保障するためにいまの自分になにができるのか、うしろすがたを大切に見つめながら、子どものことを途切れなく話しあい、これからもみなさんと模索していきたいと思っています。

うしろすがたがこんなにゆたかな表情をもつことを教えてくださったのは、三〇年もまえから、いい写真だなあとあこがれていた川内松男さんです。今回、無理にお願いしたにもかかわらず、快く引き受けてくださいました。ありがとうございます。

また、本書の企画を実現してくださったかもがわ出版の吉田茂さん、担当してくださった天野みかさんにはほんとうにお世話になりました。

そして、なによりも書かずにはいられない実践を語ってくださる保育士さんや子どもたちに感謝します。いましばらく、この至福のときを続けさせてほしいと願っています。

二〇二〇年二月

清水玲子

清水玲子（しみずれいこ）
1947年埼玉県生まれ。埼玉県立大学、東洋大学を経て元帝京大学教授。乳児保育、保育原理などを担当。保育実践研究会代表・さんこうほれんメンバー。
著書：『保育園の園内研修』（筒井書房）、『育つ風景』（かもがわ出版）、『徹底して子どもの側に立つ保育』（ひとなる書房）、『保育における人間関係発達論』（共著・ひとなる書房）、『いい保育をつくるおとな同士の関係』（共著・ちいさいなかま社）、『育ちあう風景』（ひとなる書房）ほか。

写真撮影協力園
さくらみなみ保育園（福島県・福島市）／世田谷つくしんぼ保育園（東京都・世田谷区）／ほしのみや保育園（埼玉県・熊谷市）／縄瀬保育園（宮崎県・都城市）／生品保育園（群馬県・太田市）

うしろすがたが教えてくれた

2020年4月 8 日　初版第1刷発行
2024年1月22日　　　第2刷発行

著　者　清水玲子

発行者　竹村正治
発行所　株式会社 かもがわ出版
〒602-8119　京都市上京区堀川通出水西入
TEL 075-432-2868　FAX 075-432-2869
振替　01010-5-12436
http://www.kamogawa.co.jp
印刷所　シナノ書籍印刷株式会社

ISBN978-4-7803-1083-2　C0037　Printed in Japan